100

RECETTES À DÉVORER

PLATS VÉGÉTARIENS

pour débutants

CÉLINE DE CÉROU

SOLAR
EDITIONS

Photographies et stylisme : Céline de Cérou
Retrouvez l'auteur sur : www.frenchzest.com

Directeur éditorial : Didier Férat
Édition : Diane Monserat
Création et direction artistique de la couverture : Claire Guigal
Mise en page & Photogravure : Nord Compo
Fabrication : Laurence Duboscq

Solar | un département **place des éditeurs**

place des éditeurs

ISBN : 978-2-263-14896-5
Code éditeur : S14896/04
Dépôt légal : janvier 2017
Imprimé en Espagne par Macrolibros

SOMMAIRE

Des idées de recettes à dévorer...

ENTRE COPAINS

SUR LE POUCE

À LA FIN DU MOIS

POUR LES GRANDES TABLÉES

Bouillabaisse d'épinards, p. 148

Dahl de lentilles, p. 182

Hachis Parmentier, p. 186

POUR UN DÎNER DE FÊTE

Bourguignon de champignons et polenta crémeuse, p. 124

Verrines betterave, chèvre, p. 156

Toasts à l'avocat et à la mangue, p. 164

AUX SAVEURS D'AILLEURS

Soupe thaïe, p. 23

Fajitas sauce chimichurri, p. 84

Nouilles asiatiques aux légumes sautés et noix de cajou, p. 184

FROMAGE VÉGÉTAL
ail et persil

Pour 4 personnes
Préparation : 15 minutes

100 g de tofu lacto-fermenté
100 g de tofu soyeux
1 gousse d'ail
½ bouquet de persil
3 cuil. à soupe d'huile d'olive
½ cuil. à café de sel
Poivre

1. Lavez et effeuillez le persil. Épluchez la gousse d'ail. Placez le tofu lacto-fermenté, le tofu soyeux, la gousse d'ail, les feuilles de persil, l'huile d'olive, le sel et le poivre dans le bol d'un robot mixeur.

2. Mixez jusqu'à ce que le fromage végétal soit lisse. Conservez au réfrigérateur pendant 3 jours. Servez bien frais en tartinade ou dans un sandwich.

APÉRITIF

FEUILLETÉS À LA TOMATE

Pour 4 personnes
Préparation : 30 minutes
Cuisson : 20 minutes

1 rouleau de pâte feuilletée
140 g de concentré de tomate
1 cuil. à soupe d'herbes de Provence
2 cuil. à café de miel d'acacia
1 cuil. à café de paprika
½ cuil. à café de sel
¼ de cuil. à café de poivre moulu

1. Préchauffez le four à 180 °C (th. 6).

2. Dans un bol, mélangez le concentré de tomate, les herbes de Provence, le miel d'acacia, le paprika, le sel et le poivre.

3. Déroulez la pâte feuilletée puis étalez dessus le mélange à la tomate de manière uniforme. Roulez la pâte sur elle-même puis, à l'aide d'un couteau bien tranchant, coupez des tronçons de 1 cm d'épaisseur.

4. Recouvrez une plaque de cuisson de papier sulfurisé et placez les feuilletés dessus en laissant de l'espace entre chaque roulé.

5. Enfournez et faites cuire 20 minutes environ jusqu'à ce que les feuilletés soient dorés.
Servez immédiatement.

APÉRITIF

TAPENADE D'ARTICHAUT

Pour 4 personnes
Préparation : 10 minutes

1 boîte de cœurs d'artichaut (240 g égouttés environ)
5 cl d'huile d'olive
3 gousses d'ail
1 cuil. à soupe de jus de citron
Sel et poivre

1. Épluchez et écrasez les gousses d'ail.

2. Dans le bol d'un robot mixeur, mettez les cœurs d'artichaut égouttés, l'huile d'olive, les gousses d'ail, le jus de citron. Salez et poivrez à votre convenance.

3. Mixez quelques minutes jusqu'à ce que la tapenade soit bien lisse.

4. Servez à température ambiante avec du pain grillé. La tapenade d'artichaut se conserve 3 jours environ au réfrigérateur.

APÉRITIF

SCONES CIBOULETTE,
mimolette

Pour 8 personnes
Préparation : 15 minutes
Cuisson : 30 minutes

250 g de farine
½ cuil. à soupe de levure chimique
½ cuil. à café de sel
½ cuil. à café de poivre moulu
2 cuil. à soupe de ciboulette ciselée
50 g de beurre à température ambiante
50 g de mimolette extra-vieille râpée
1 œuf + 1 jaune d'œuf
15 cl de lait

1. Préchauffez le four à 180 °C (th. 6).

2. Dans un saladier, mélangez la farine, la levure chimique, le sel, le poivre et la ciboulette.

3. Incorporez le beurre du bout des doigts afin d'obtenir un mélange sablonneux.

4. Fouettez l'œuf entier avec le lait et incorporez ce mélange à la farine ainsi que la mimolette. La pâte doit être homogène et collante.

5. Chemisez une plaque de cuisson de papier sulfurisé. Avec les mains farinées, formez une boule de pâte puis aplatissez-la sur la plaque. À l'aide d'un grand couteau, coupez la pâte en 8 parts égales. Badigeonnez les scones avec le jaune d'œuf.

6. Enfournez pendant 30 minutes environ. Les scones doivent être dorés mais souples. Servez tiède en accompagnement d'une soupe, en apéritif, lors d'un brunch ou d'un pique-nique.

★★★ APÉRITIF ★★★

TERRINE DE HARICOTS ROUGES
au romarin

Pour 4 personnes
Préparation : 20 minutes
Cuisson : 5 minutes

240 g de haricots rouges cuits
1 cuil. à soupe de romarin frais
1 petit oignon jaune
1 gousse d'ail
2 cuil. à soupe d'huile d'olive
2 cuil. à soupe de ciboulette ciselée
Sel et poivre

1. Épluchez et émincez finement l'oignon et la gousse d'ail. Faites chauffer 1 cuillerée à soupe d'huile d'olive dans une poêle sur feu moyen. Rissolez l'oignon et l'ail pendant 5 minutes sans les laisser colorer.

2. Dans le bol d'un robot mixeur, placez l'oignon et l'ail rissolés, les haricots rouges, le romarin frais haché, l'huile d'olive restante et la ciboulette hachée. Salez et poivrez à votre convenance. Mixez jusqu'à ce que le mélange soit bien lisse.

3. Transvasez dans une terrine avec couvercle et conservez au frais pendant 3 jours. Servez à température ambiante avec du pain de campagne légèrement grillé et des cornichons.

APÉRITIF

OPINEL
INOX

CHEESECAKE SALÉ

Pour 6 personnes
Préparation : 30 minutes
Cuisson : 40 minutes

75 g de crackers nature
50 g de beurre fondu
250 g de ricotta
250 g de mascarpone
250 g de tofu soyeux
1 cuil. à café de sel
½ cuil. à café de poivre moulu

1. Préchauffez le four à 180 °C. Chemisez un moule à charnière (th. 6) de papier sulfurisé.

2. Dans le bol d'un robot mixeur, placez les crackers et le beurre fondu. Mixez jusqu'à l'obtention d'un mélange sablonneux. Versez ce mélange dans le fond du moule à charnière et tassez en une couche homogène à l'aide d'un fond de verre plat. Mettez le moule au réfrigérateur le temps de préparer la crème du cheesecake.

3. Dans un saladier, mélangez la ricotta, le mascarpone et le tofu soyeux afin d'obtenir une crème bien lisse. Ajoutez le sel et le poivre. Versez la crème dans le moule.

4. Enfournez et laissez cuire 40 minutes environ. Le cheesecake doit être bien doré et la crème prise. Laissez refroidir dans le moule puis servez à température ambiante avec une salade verte et des tomates en entrée.

ENTRÉE

MILLE-FEUILLE DE BETTERAVE
et mousse aux herbes

Pour 4 personnes
Macération : 1 jour
Préparation : 45 minutes
Cuisson : 20 minutes

4 petites betteraves cuites
100 g de pignons de pin
1 petite tête d'ail
15 cl d'huile d'olive + 1 cuil. à soupe
1/2 cuil. à café de sel + un peu pour l'ail
1/4 de cuil. à café de poivre
1 cuil. à soupe de feuilles de persil hachées
1 cuil. à soupe de feuilles de basilic hachées
1 cuil. à soupe de ciboulette ciselée

ENTRÉE

1. La veille, mettez les pignons de pin dans un bol et recouvrez d'eau. Laissez tremper pendant la nuit. Égouttez.

2. Préchauffez le four à 180 °C (th 6).

3. Coupez le dessus de la tête d'ail en prenant garde de la laisser entière. Arrosez de 1 cuillerée à soupe d'huile d'olive et saupoudrez de sel. Emballez dans une feuille de papier d'aluminium et enfournez pour 20 minutes. Les gousses d'ail doivent être fondantes. Retirez la chair et réservez.

4. Épluchez les betteraves et tranchez-les très finement et régulièrement à l'aide d'une mandoline ou d'un long couteau.

5. Dans le bol d'un robot mixeur, placez les gousses d'ail rôties, les pignons de pin égouttés, l'huile d'olive, le sel, le poivre, le persil, le basilic, la ciboulette. Mixez jusqu'à ce que la mousse aux herbes soit lisse et crémeuse.

6. À l'aide de cercles de pâtisserie, montez les mille-feuilles en plaçant 1 tranche de betterave, étalez 1 cuillerée à café de mousse aux herbes, puis à nouveau 1 tranche de betterave et ainsi de suite en finissant par 1 tranche de betterave.

7. Conservez au frais jusqu'au moment de servir. Retirez les cercles à pâtisserie et servez en entrée d'un repas festif.

FLANS DE PETITS POIS

Pour 6 personnes
Préparation : 45 minutes
Cuisson : 30 minutes

500 g de petits pois frais ou surgelés
3 œufs
2 cuil. à soupe de beurre fondu
25 cl de crème liquide entière
7,5 cl de lait
1 cuil. à café de sel
½ cuil. à café de poivre
1 brin d'estragon
2 cuil. à soupe d'huile d'olive + un peu pour les ramequins
300 g de girolles
2 cuil. à soupe de jus de citron
3 oignons frais
1 cuil. à soupe de feuilles de persil frais

1. Préchauffez le four à 160 °C (th. 5-6).

2. Portez à ébullition une casserole d'eau salée et faites cuire 10 minutes les petits pois. Égouttez-les puis placez-les dans le bol d'un robot mixeur avec les œufs, le beurre fondu, la crème, le lait, ½ cuillerée à café de sel, ¼ de cuillerée à café de poivre et les feuilles du brin d'estragon. Mixez jusqu'à l'obtention d'une crème bien lisse.

3. Huilez 6 ramequins et répartissez la crème dedans. Placez-les dans un grand plat à gratin et versez de l'eau bouillante afin d'arriver à mi-hauteur. Enfournez et laissez cuire 20 minutes environ. Les flans sont cuits lorsqu'ils sont pris mais que le cœur reste tremblotant.

4. Pendant ce temps, hachez le persil et les oignons. Chauffez l'huile d'olive dans une poêle sur feu moyen et faites revenir les girolles avec le persil, le jus de citron, les oignons, le sel et le poivre restants.

5. Démoulez délicatement les flans et répartissez les girolles poêlées dessus. Servez immédiatement comme entrée pour un repas festif.

ENTRÉE

AÏOLI AUX LÉGUMES PRIMEURS

Pour 4 personnes
Préparation : 30 minutes
Cuisson : 30 minutes

4 artichauts poivrades
4 courgettes moyennes
12 pommes de terre grenailles
4 carottes
1 botte de radis
4 œufs + 2 jaunes à température ambiante
2 gousses d'ail
½ cuil. à café de sel
2 cuil. à café de jus de citron
10 cl d'huile d'olive

ENTRÉE

1. Épluchez les pommes de terre et les carottes. Nettoyez les radis et retirez les fanes. Faites cuire à la vapeur les artichauts, les courgettes, les pommes de terre et les carottes pendant 30 minutes environ. Réservez.

2. Dans une casserole moyenne, faites chauffer de l'eau jusqu'à frémissements et plongez-y les œufs pendant 5 minutes afin d'obtenir des œufs mollets. Réservez.

3. Épluchez les gousses d'ail, placez-les dans un mortier avec le sel. Écrasez l'ail afin d'obtenir une purée. Dans un grand bol, placez la purée d'ail, les jaunes d'œufs et le jus de citron. Fouettez en ajoutant lentement, en filet, l'huile d'olive. L'aïoli doit prendre la consistance d'une pommade. Écalez les œufs.

4. Servez, pour un déjeuner léger, tiède avec l'aïoli et des tranches de pain au levain grillées.

SOUPE THAÏE

ENTRÉE

Pour 4 personnes
Préparation : 30 minutes
Cuisson : 25 minutes

½ bouquet de coriandre
5 bâtons de citronnelle
50 g de gingembre frais
4 gousses d'ail
1 cuil. à soupe d'huile
2 boîtes de lait de coco
de 40 cl chacune
1 piment rouge
2 petites courgettes
4 citrons verts
3 cuil. à soupe de sauce soja
50 cl de bouillon de légumes
250 g de tofu ferme

1. Lavez et hachez grossièrement les feuilles de coriandre. Réservez. Hachez finement les bâtons de citronnelle après avoir retiré l'enveloppe extérieure. Épluchez et râpez le gingembre. Épluchez et écrasez les gousses d'ail. Chauffez l'huile dans une grande casserole à fond épais et faites revenir la citronnelle, le gingembre et les gousses d'ail pendant 3 minutes.

2. Lavez et coupez les courgettes en deux, dans le sens de la longueur, puis en gros tronçons. Coupez le tofu en cubes de taille moyenne.

3. Versez dans la casserole le lait de coco, le bouillon de légumes et la sauce soja. Ajoutez les courgettes et le tofu. Faites cuire sur feu moyen pendant une vingtaine de minutes. Pendant ce temps, coupez le piment en fines tranches et les citrons verts en quartiers.

4. Versez dans des bols. Parsemez de coriandre et de piment. Servez bien chaud avec des quartiers de citron vert et du riz basmati nature.

BOUILLON DE LÉGUMES

Pour 4 personnes
Préparation : 15 minutes
Cuisson : 30 minutes
Repos : 6 heures

1 oignon jaune
2 carottes
2 navets
2 poireaux
1 cuil. à soupe d'huile d'olive
1 branche de céleri
4 grains de poivre noir
1 cuil. à café de thym
3 feuilles de laurier
1 cuil. à café de sel
1 poignée de persil

1. Épluchez l'oignon, les carottes, les navets, les poireaux, le céleri et coupez-les en gros morceaux.

2. Dans un grand faitout, faites chauffer l'huile d'olive. Ajoutez les grains de poivre, le thym, les feuilles de laurier, le persil. Laissez cuire 1 minute environ, jusqu'à ce que les arômes se dégagent. Ajoutez tous les légumes et le sel.

3. Faites revenir une dizaine de minutes en remuant de temps en temps. Versez 1,5 l d'eau dans le faitout. Portez à ébullition. Baissez le feu et laissez frémir pendant 20 minutes en couvrant partiellement. Retirez le faitout du feu.

4. Laissez reposer au réfrigérateur à couvert, pendant plusieurs heures afin que les arômes se développent.

5. Filtrez le bouillon. Il peut se conserver 2 ou 3 jours au réfrigérateur ou être congelé.

ENTRÉE

KEFTAS AUX FÈVES

Pour 4 personnes
Préparation : 20 minutes
Cuisson : 25 minutes

450 g de fèves pelées
1 petit oignon jaune
1 cuil. à café de cumin
2 cuil. à soupe de feuilles de menthe
3 cuil. à soupe d'huile d'olive
1 cuil. à café de sel + un peu pour la cuisson
100 g de yaourt à la grecque
½ citron

1. Préchauffez le four à 180 °C (th. 6).

2. Faites chauffer une grande casserole d'eau salée puis faites cuire 5 minutes les fèves. Égouttez-les et placez-les dans le bol d'un robot mixeur.

3. Épluchez et émincez l'oignon. Lavez et ciselez la menthe. Ajoutez dans le bol du mixeur l'oignon, la menthe, le sel, le cumin et 1 cuillerée à soupe d'huile d'olive. Mixez le tout jusqu'à l'obtention d'une masse homogène.

4. Avec les mains humides, formez des keftas en forme de boudins ou de boulettes. Mettez-les sur une plaque de cuisson recouverte de papier sulfurisé. Badigeonnez les keftas d'huile d'olive restante.

5. Enfournez et laissez cuire 20 minutes. Les keftas doivent être bien dorées. Servez chaud avec une salade et le yaourt à la grecque assaisonné avec le jus de citron.

★★★ PLAT ★★★

ROULEAUX DE PRINTEMPS

Pour 4 personnes
Préparation : 20 minutes
Repos : 10 minutes

60 g de vermicelles de riz
12 feuilles de riz
1 carotte
½ concombre
1 avocat
½ bouquet de menthe fraîche
½ bouquet de coriandre fraîche
½ bouquet de ciboulette
Sauce soja

1. Portez une casserole d'eau à ébullition. Dans un grand plat, placez les vermicelles et versez dessus l'eau bouillante. Laissez reposer 10 minutes environ jusqu'à ce que les vermicelles soient souples puis égouttez-les.

2. Épluchez la carotte, le ½ concombre et l'avocat et coupez-les en fins bâtonnets. Lavez et effeuillez la menthe et la coriandre. Lavez la ciboulette.

3. Remplissez un plat creux d'eau fraîche, assez grand pour contenir 1 feuille de riz. Placez 1 feuille de riz dans l'eau et laissez-la reposer 1 minute afin qu'elle ramollisse. Placez-la sur un torchon humide et mettez au centre 1 petite poignée de vermicelles puis des bâtonnets de carotte et de concombre. Parsemez de feuilles de coriandre, de menthe et de ciboulette.

4. Pliez la feuille aux extrémités et roulez-la sur elle-même. Répétez l'opération jusqu'à obtenir 8 rouleaux de printemps. Servez immédiatement avec de sauce soja.

SPAGHETTIS DE COURGETTES
et pesto avocat, basilic

Pour 4 personnes
Préparation : 30 minutes

4 courgettes moyennes
1 dizaine de tomates cerises
1 avocat
3 cuil. à soupe de feuilles de basilic
1 cuil. à soupe de jus de citron
60 g de pignons de pin
1 gousse d'ail
10 cl d'huile d'olive
½ cuil. à café de sel
¼ de cuil. à café de poivre

1. Lavez les courgettes. À l'aide d'une mandoline ou d'une grosse râpe, formez de longs spaghettis.

2. Épluchez et dénoyautez l'avocat. Épluchez la gousse d'ail. Dans le bol d'un robot mixeur, placez la chair de l'avocat, les feuilles de basilic, le jus de citron, 40 g de pignons de pin, la gousse d'ail, le sel et le poivre. Mixez en ajoutant en filet l'huile d'olive afin d'obtenir un pesto crémeux.

3. Dans un saladier, mélangez les spaghettis de courgettes et le pesto d'avocat. Lavez et coupez en deux les tomates cerises. Répartissez les spaghettis dans 4 assiettes et ajoutez les tomates cerises et le reste de pignons. Servez immédiatement.

★★★ PLAT ★★★

CRÊPES AUX ASPERGES
et aux champignons

Pour 4 personnes
Préparation : 20 minutes
Repos : 1 heure
Cuisson : 30 minutes

100 g de farine
2 œufs
25 cl de lait
25 g de beurre
800 g d'asperges
Huile
500 g de champignons
20 cl de crème
2 cuil. à soupe de ciboulette ciselée
1 cuil. à café de sel
½ cuil. à café de poivre

PLAT

1. Dans un saladier, versez la farine et les œufs. Mélangez et ajoutez le lait en filet tout en fouettant. Faites fondre le beurre et incorporez-le à la pâte. Couvrez et laissez reposer 1 heure.

2. Huilez légèrement une poêle et faites cuire 1 petite louche de pâte. Laissez cuire la crêpe 3 ou 4 minutes et retournez-la lorsqu'elle est bien dorée. Poursuivez la cuisson 2 minutes. Renouvelez l'opération jusqu'à épuisement de la pâte.

3. Nettoyez et émincez finement les champignons. Faites-les revenir dans une poêle légèrement huilée pendant 15 minutes. Ajoutez la crème et assaisonnez. Faites cuire les asperges 15 minutes à l'eau bouillante légèrement salée. Égouttez-les.

4. Dans chaque crêpe, répartissez les asperges, les champignons à la crème. Parsemez de ciboulette et repliez. Servez les crêpes accompagnées d'une salade pour un déjeuner léger.

ONIGIRIS AUX HERBES

Pour 4 personnes
Préparation : 30 minutes
Cuisson : 12 minutes

450 g de riz rond japonais
60 cl d'eau
10 cl de vinaigre de riz
45 g de sucre en poudre
½ cuil. à café de sel
1 cuil. à soupe de feuilles de coriandre
1 cuil. à soupe de feuilles de persil
1 cuil. à soupe de feuilles de basilic
2 feuilles de nori

1. Mettez le riz dans un saladier rempli d'eau et mélangez-le avec les mains. Égouttez et répétez l'opération deux ou trois fois jusqu'à ce que l'eau soit presque claire.

2. Préparez l'assaisonnement vinaigré en chauffant, dans une casserole, le vinaigre de riz, le sucre et le sel. Faites cuire le riz avec l'eau pendant 12 minutes à couvert sur feu moyen. Il doit être fondant. Étalez alors le riz sur un grand plat et incorporez l'assaisonnement vinaigré.

3. Lavez et séchez les feuilles de coriandre, de basilic et de persil. Hachez-les grossièrement, puis incorporez-les au riz vinaigré.

4. Formez 8 boulettes de riz et façonnez-les en forme de triangle. Découpez 8 carrés dans les feuilles de nori et collez-les aux onigiris. Servez à température ambiante avec une poêlée de légumes asiatiques.

PLAT

CROQUE-MONSIEUR OIGNONS *caramélisés et épinards*

Pour 4 personnes
Préparation : 20 minutes
Cuisson : 45 minutes

16 tranches de pain de mie complet
3 gros oignons jaunes
2 cuil. à soupe d'huile
3 cuil. à soupe de cassonade
8 cuil. à café de moutarde à l'ancienne
8 poignées de feuilles d'épinards
250 g de tomme de brebis en tranches

1. Pelez et émincez finement les oignons. Chauffez l'huile dans une poêle et faites caraméliser les oignons sur feu doux avec la cassonade pendant 20 minutes environ.

2. Sur 8 tranches de pain de mie, étalez 1 cuillerée à café de moutarde à l'ancienne. Répartissez l'oignon caramélisé puis 1 poignée de feuilles d'épinards et terminez par les tranches de tomme de brebis. Placez 1 tranche de pain sur le tout.

3. Faites cuire les croque-monsieur 10 minutes environ dans un appareil type gril/gaufrier ou bien dans une poêle bien chaude en les retournant. Les croque-monsieur sont prêts lorsque le pain est croustillant et le fromage fondu.

4. Servez immédiatement avec une salade verte pour un déjeuner complet.

PLAT

RISOTTO AUX HERBES

Pour 4 personnes
Préparation : 20 minutes
Cuisson : 25 minutes

300 g de riz pour risotto
1 oignon
100 g de roquette
2 cuil. à soupe de feuilles d'estragon frais
4 cuil. à soupe de feuilles de basilic
2 cuil. à soupe d'huile d'olive
¼ de cuil. à café de coriandre moulue
1,5 l de bouillon de légumes
6 cl de vin blanc sec
1 cuil. à café de sel
¼ de cuil. à café de poivre
50 g de parmesan râpé
2 cuil. à soupe d'huile d'olive à la truffe (facultatif)

1. Faites chauffer le bouillon de légumes dans une casserole puis couvrez.

2. Épluchez et émincez finement l'oignon. Lavez et émincez finement les feuilles d'estragon, de roquette et de basilic.

3. Chauffez l'huile d'olive dans une grande poêle, sur feu moyen, faites-y revenir l'oignon avec la coriandre moulue, le sel et poivre pendant 5 minutes. Ajoutez le riz. Mélangez bien et laissez cuire quelques minutes afin que celui-ci devienne nacré et translucide.

4. Mouillez avec le vin blanc et laissez cuire 5 minutes. Versez ensuite 1 louche de bouillon bien chaud et laissez cuire, sans cesser de remuer, jusqu'à absorption complète. Versez à nouveau 1 louche de bouillon et continuez jusqu'à ce que le riz soit fondant et que le bouillon soit entièrement absorbé.

5. Ajoutez le mélange d'herbes et le parmesan. Ajustez l'assaisonnement si nécessaire et répartissez immédiatement dans 4 assiettes creuses. Versez un filet d'huile à la truffe sur chaque assiette et servez aussitôt pour un repas raffiné.

PLAT

PAPILLOTES DE LÉGUMES
primeurs, huile de persil

Pour 4 personnes
Préparation : 30 minutes
Cuisson : 30 minutes

200 g de pois gourmands
200 g de petits pois
4 petites carottes
2 oignons frais
1 cuil. à café de sel
½ cuil. à café de poivre
10 cl d'huile d'olive
½ bouquet de persil plat

PLAT

1. Lavez et effeuillez le persil. Portez à ébullition une petite casserole d'eau et plongez-y pendant 1 minute les feuilles de persil. Égouttez-les, passez-les sous l'eau froide puis mixez-les à l'aide d'un blender ou d'un robot plongeant avec l'huile d'olive. Réservez.

2. Préchauffez le four à 180 °C (th. 6). Lavez et épluchez les carottes et coupez-les en gros tronçons. Épluchez et émincez finement les oignons.

3. Découpez 4 grandes feuilles de papier sulfurisé. Au centre de chacune, placez 50 g de pois gourmands, 50 g de petits pois, 1 carotte coupée et la moitié d'un oignon. Salez et poivrez puis versez 1 cuillerée à soupe d'huile d'olive au persil.

4. Repliez les feuilles de papier sulfurisé afin de former des papillotes, hermétiquement fermées. Placez-les sur une plaque de cuisson et enfournez pour 30 minutes. Servez bien chaud avec l'huile d'olive de persil restante.

SALADE DE POMMES DE TERRE, *radis et asperges*

Pour 4 personnes
Préparation : 30 minutes
Cuisson : 15 minutes

600 g de pommes de terre nouvelles
1 petite botte d'asperges vertes
6 radis
2 cuil. à soupe de pignons de pin
1 petit oignon rouge
1 cuil. à soupe de ciboulette ciselée
1 cuil. à soupe de feuilles de persil émincées
8 cl d'huile d'olive
1 cuil. à café de moutarde
2 cuil. à soupe de vinaigre de cidre
1 cuil. à café de sel
¼ de cuil. à café de poivre moulu

1. Lavez et faites cuire les pommes de terre et les asperges à la vapeur pendant 15 minutes. Pelez les pommes de terre et coupez-les en rondelles. Coupez les asperges en petits tronçons. Lavez et coupez finement les radis. Épluchez et émincez finement l'oignon rouge.

2. Dans un bol, mélangez l'huile d'olive, la moutarde, le vinaigre de cidre, le sel, le poivre, la ciboulette et le persil. Faites griller les pignons de pin 5 minutes dans une poêle.

3. Placez dans un saladier les pommes de terre, les asperges, les radis et les pignons de pin, et arrosez de vinaigrette. Mélangez bien et servez à température ambiante.

PLAT

PIZZA MARGARITA

Pour 4 personnes
Préparation : 20 minutes
Repos : 1 heure
Cuisson : 20 minutes

10 g de levure fraîche
ou 1 ½ sachet de levure sèche
2 cuil. à soupe d'huile d'olive
+ un peu pour la plaque
de cuisson
260 g de farine (t65)
+ un peu pour le plan
de travail
1 cuil. à café de sel fin
100 g de sauce tomate
100 g de mozzarella
1 poignée de feuilles
de basilic

1. Dans un bol, diluez la levure avec 15 cl d'eau et l'huile d'olive. Laissez reposer 10 minutes.

2. Dans un grand saladier, mélangez la farine et le sel. Incorporez la levure diluée et pétrissez pendant 10 minutes afin d'obtenir une pâte lisse et souple. Recouvrez le saladier d'un torchon propre et laissez reposer 1 heure dans un endroit chaud. La pâte doit doubler de volume.

3. Préchauffez le four à 220 °C (th. 7-8). Égouttez et coupez la mozzarella en fines tranches.

4. Appuyez sur la pâte avec les poings afin de la dégazer. Abaissez-la sur un plan de travail fariné. Étalez la sauce tomate et répartissez les morceaux de mozzarella dessus.

5. Enfournez sur une plaque de cuisson huilée et laissez cuire 20 minutes environ. La pâte doit être dorée et la mozzarella fondue. Servez immédiatement avec des feuilles de basilic frais.

PLAT

CRÊPES JAPONAISES
aux légumes

Pour 4 personnes
Préparation : 20 minutes
Cuisson : 30 minutes

300 g de farine
1 ½ cuil. à café de levure
38 cl de bouillon de légumes
1 œuf
8 grandes feuilles de chou chinois
1 carotte
1 ciboule
1 petite courgette
2 cuil. à soupe d'huile + 1 filet
1 cuil. à café de sel

1. Épluchez la carotte. Râpez grossièrement la carotte et la courgette. Émincez les feuilles de chou chinois et la ciboule.

2. Dans un saladier, mélangez la farine, la levure, le sel, l'huile, l'œuf battu et le bouillon de légumes. Fouettez jusqu'à l'obtention d'une pâte à crêpes lisse et épaisse. Incorporez la carotte, la courgette et le chou chinois.

3. Faites chauffer le filet d'huile dans une poêle à fond épais sur feu vif. Versez 1 grosse louche de pâte et laissez cuire 8 minutes avant de retourner la crêpe et de cuire l'autre côté à nouveau 8 minutes. Les crêpes doivent être bien dorées.

4. Servez immédiatement avec du coleslaw.

PLAT

GNOCCHIS DE PATATE DOUCE, *sauge frite*

Pour 4 personnes
Préparation : 15 minutes
Repos : 1 heure
Cuisson : 30 minutes

500 g de purée de patates douces
150 g de farine + un peu pour le plan de travail
1 cuil. à café de sel + un peu pour la cuisson
½ cuil. à café de noix de muscade râpée
1 œuf
1 petit bouquet de sauge
Huile d'olive

1. Dans un grand saladier, mélangez la purée de patates douces, la farine, le sel, la noix de muscade râpée et l'œuf jusqu'à l'obtention d'une boule de pâte bien lisse.

2. Filmez et réservez au réfrigérateur au minimum 1 heure.

3. Farinez généreusement un plan de travail. Divisez la pâte en quatre et formez des boudins. Découpez-les en petites sections afin de former des gnocchis. N'hésitez pas à fariner en cours de préparation, la pâte peut être très collante.

4. Faites chauffer une grande casserole d'eau salée jusqu'à ébullition. Faites cuire les gnocchis six par six environ pendant 6 minutes : à partir du moment où ils remontent à la surface, sortez-les à l'aide d'une écumoire. Puis placez-les dans un plat bien huilé.

5. Lorsque tous les gnocchis sont cuits, chauffez sur feu vif une grande poêle avec 1 cuillerée à soupe d'huile d'olive et faites frire les feuilles de sauge. Réservez.

6. Baissez le feu et faites rissoler les gnocchis. Servez immédiatement avec les feuilles de sauge frites.

PLAT

MINESTRONE DE PRINTEMPS

Pour 4 personnes
Préparation : 30 minutes
Cuisson : 30 minutes

2 carottes
2 gousses d'ail
½ oignon rouge
2 branches de céleri
200 g de chou romanesco
1 tomate
2 feuilles de laurier
1 l de bouillon de légumes
100 g de coquillettes
200 g de petits pois
1 cuil. à café de sel
2 cuil. à soupe de feuilles de basilic
30 g de parmesan râpé
10 cl d'huile d'olive

1. Épluchez les carottes, les gousses d'ail et l'oignon. Émincez en petits cubes les carottes, les branches de céleri, la tomate, l'oignon et 1 gousse d'ail. Coupez le chou romanesco en petites fleurettes.

2. Faites chauffer 1 cuillerée à soupe d'huile d'olive dans une casserole à fond épais. Faites revenir l'oignon, la gousse d'ail émincée, le sel, les feuilles de laurier, les carottes, les branches de céleri, la tomate et le chou romanesco pendant 10 minutes.

3. Versez le bouillon de légumes et ajoutez les coquillettes et les petits pois. Laissez mijoter pendant 20 minutes.

4. Pendant ce temps, préparez le pesto, en plaçant dans le bol d'un robot mixeur la gousse d'ail restante, les feuilles de basilic, le parmesan. Mixez puis versez en filet l'huile d'olive restante en continuant de mélanger. Versez le pesto dans un bol.

5. Servez bien chaud avec le pesto pour un déjeuner réconfortant.

PLAT

ŒUFS COCOTTE

Pour 4 personnes
Préparation : 15 minutes
Cuisson : 30 minutes

4 œufs frais
1 blanc de poireau
20 cl de crème épaisse
1 cuil. à café de thym
½ cuil. à café de sel
¼ de cuil. à café de poivre
1 cuil. à soupe d'huile

PLAT

1. Préchauffez le four à 150 °C (th. 5). Émincez finement le poireau. Faites chauffer l'huile dans une poêle sur feu moyen. Faites revenir le poireau, le thym, le sel et le poivre pendant 10 minutes. Le poireau doit être légèrement doré. Ajoutez la crème et laissez mijoter 5 minutes.

2. Répartissez le poireau à la crème dans 4 petits ramequins.

3. Cassez les œufs et séparez les blancs des jaunes, en prenant garde de ne pas percer le jaune. Réservez les jaunes à température ambiante.

4. Versez du blanc d'œuf dans chaque ramequin. Enfournez et laissez cuire 10 minutes environ. Dès que le blanc commence à s'opacifier, sortez les ramequins et faites glisser délicatement les jaunes d'œufs. Remettez au four 2 ou 3 minutes.

5. Servez immédiatement avec des mouillettes de pain légèrement grillées et beurrées.

QUENELLES AU FROMAGE BLANC

Pour 4 personnes
Préparation : 20 minutes
Repos : 30 minutes
Cuisson : 40 minutes

1 kg de faisselle
3 œufs
130 g de farine
1 cuil. à café de sel + un peu pour la cuisson
2 cuil. à soupe de ciboulette émincée
25 g de beurre

1. Dans un saladier, mélangez la faisselle égouttée, les œufs battus, la farine, le sel et la ciboulette. Recouvrez le saladier d'un torchon et laissez reposer 30 minutes.

2. Portez à frémissements une grande casserole d'eau salée. Faites pocher des cuillerées à café de pâte pendant 8 minutes environ. Égouttez sur du papier absorbant. Poursuivez jusqu'à épuisement de la pâte.

3. Faites fondre le beurre dans une poêle sur feu moyen. Faites rissoler les quenelles et servez immédiatement accompagnées d'une salade.

PLAT

CAVIAR D'AUBERGINE

Pour 4 personnes
Préparation : 25 minutes
Cuisson : 30 minutes

3 aubergines moyennes
2 gousses d'ail
2 cuil. à soupe de tahini (purée de sésame)
1 cuil. à soupe de jus de citron
½ cuil. à café de sel
1 petit citron confit

1. Préchauffez le four à 200 °C (th. 6-7).

2. Percez la peau des aubergines à plusieurs endroits à l'aide d'une fourchette. Placez-les sur une plaque de cuisson et enfournez pendant 30 minutes environ. Les aubergines sont cuites lorsque la peau est fripée et la chair fondante.

3. Coupez les aubergines en deux dans le sens de la longueur et prélevez la chair à l'aide d'une cuillère à soupe.

4. Épluchez les gousses d'ail. Coupez le citron confit en quartiers, prélevez la peau et coupez-la en petits dés. Jetez la pulpe.

5. Placez la chair des aubergines, les gousses d'ail, le tahini, le jus de citron, le sel et les dés de citron confit dans le bol d'un robot mixeur. Mixez jusqu'à l'obtention d'une texture lisse. Servez à température ambiante.

6. Le caviar d'aubergine se conserve 3 jours, couvert, au réfrigérateur.

APÉRITIF

CHIPS DE PITA

Pour 4 personnes
Préparation : 20 minutes
Cuisson : 10 minutes

5 pains pita
1 cuil. à café de paprika
1 cuil. à café d'ail en poudre
½ cuil. à café de sel
4 cuil. à soupe d'huile d'olive

APÉRITIF

1. Préchauffez le four à 180 °C (th. 6).

2. Coupez les pains pita en quartiers puis en triangles. Placez-les dans un saladier. Mélangez le paprika, l'ail en poudre, le sel et l'huile dans un bol. Versez cette préparation sur les triangles de pains pita. Brassez le tout pour bien enrober les chips.

3. Chemisez deux plaques de cuisson de papier sulfurisé et répartissez les chips sans qu'elles se chevauchent. Enfournez et faites cuire 10 minutes environ jusqu'à ce que les chips soient dorées et croustillantes.

4. Servez avec des dips et des tartinades. Les chips de pita se conservent 3 jours, bien emballées.

SOUPE FROIDE
avocat-concombre

Pour 4 personnes
Préparation : 15 minutes

1 avocat bien mûr
1 concombre moyen
1 citron vert
½ cuil. à café de coriandre moulue
1 cuil. à café de sel
100 g de tomates cerises
Piment d'Espelette

1. Épluchez le concombre et l'avocat. Retirez le noyau de celui-ci.

2. Dans le bol d'un robot mixeur, placez la chair de l'avocat, le concombre, le jus du citron vert, 10 cl d'eau, la coriandre moulue et le sel. Mixez jusqu'à l'obtention d'une soupe bien lisse.

3. Réservez au réfrigérateur.

4. Lavez et coupez les tomates cerises en deux. Versez la soupe bien froide dans 4 verrines, répartissez les tomates cerises et parsemez de piment d'Espelette. Servez immédiatement.

ENTRÉE

SALADE DE PASTÈQUE, *feta, menthe*

Pour 4 personnes
Préparation : 20 minutes

1 petite pastèque
2 cuil. à soupe de feuilles de menthe
100 g de feta
3 cuil. à soupe d'huile d'olive
½ cuil. à soupe de vinaigre balsamique
1 cuil. à soupe de jus de citron
½ cuil. à café de sel
¼ de cuil. à café de poivre moulu

1. À l'aide d'un grand couteau, retirez la peau de la pastèque et coupez sa chair en gros cubes.

2. Émincez finement les feuilles de menthe. Émiettez la feta.

3. Dans un saladier, mélangez les cubes de pastèque, la menthe et la feta.

4. Dans un bol, mélangez l'huile d'olive, le vinaigre balsamique, le jus de citron, le sel et le poivre. Assaisonnez la salade avec la vinaigrette et servez très frais en entrée estivale.

★★★ ENTRÉE ★★★

GASPACHO DE MELON

Pour 4 personnes
Préparation : 20 minutes

1 melon charentais
1 cuil. à café de pastis
1 cuil. à café de sel
¼ de cuil. à café de poivre moulu
4 tomates cerises
4 billes de mozzarella

1. Coupez le melon en deux et retirez les pépins. À l'aide d'une cuillère parisienne, prélevez 4 billes de melon. Réservez.

2. À l'aide d'une grande cuillère, prélevez la chair du melon. Placez-la dans le bol d'un robot mixeur avec le pastis, le sel, et le poivre. Mixez jusqu'à l'obtention d'une soupe bien lisse.

3. Versez dans 4 verrines. Piquez sur 4 cure-dents les tomates cerises, les billes de mozzarella et les billes de melon. Placez 1 brochette sur chaque verrine et servez en entrée.

ENTRÉE

PANZANELLA

Pour 4 personnes
Préparation : 20 minutes
Repos : 1 heure

800 g de tomates cerises
½ baguette rassie
1 oignon rouge
2 gousses d'ail
½ bouquet de basilic
15 cl de vinaigre de vin
20 cl d'huile d'olive
1 cuil. à café de sel
¼ cuil. à café de poivre moulu

ENTRÉE

1. Lavez et coupez les tomates cerises en deux. Coupez la baguette en petits cubes. Épluchez l'oignon rouge et coupez-le en fines tranches. Épluchez et écrasez les gousses d'ail.

2. Lavez les feuilles de basilic. Déchirez-les grossièrement.

3. Dans le fond d'un saladier, mélangez le vinaigre de vin, l'huile d'olive, le sel, le poivre et l'ail écrasé. Ajoutez les tomates cerises, l'oignon rouge, les cubes de baguette et le basilic. Mélangez bien et laissez reposer au réfrigérateur 1 heure environ, afin que le jus des tomates et la vinaigrette imbibent le pain.

4. Servez bien frais en entrée.

SALADE DE TOMATES,
de nectarines et de mozzarella

Pour 4 personnes
Préparation : 20 minutes

2 tomates moyennes
bien mûres
2 nectarines
12 cuil. à soupe de feuilles
de basilic
1 boule de mozzarella
di bufala
1 cuil. à café de sel
½ cuil. à café de poivre
5 cl d'huile d'olive
2 cuil. à soupe de vinaigre
balsamique

1. Lavez et coupez en tranches les tomates et les nectarines. Placez-les dans un saladier.

2. Déchirez la mozzarella en gros morceaux. Lavez et ciselez grossièrement les feuilles de basilic. Mettez dans le saladier la mozzarella et le basilic.

3. Dans un bol, mélangez le sel, le poivre, l'huile d'olive et le vinaigre balsamique. Assaisonnez la salade avec cette vinaigrette.

4. Servez la salade bien fraîche en entrée.

ENTRÉE

SALADE DE QUINOA,
courgette, menthe et pistache

Pour 4 personnes
Préparation : 30 minutes
Cuisson : 20 minutes

250 g de quinoa
3 petites courgettes
7 cuil. à soupe d'huile d'olive
1 gousse d'ail
2 oignons frais
25 g de pistaches salées
6 tiges de menthe fraîche
1 citron jaune
½ cuil. à café de sel + un peu pour la cuisson

1. Portez à ébullition une grande casserole d'eau salée et faites cuire le quinoa 15 minutes environ. Le quinoa est cuit lorsqu'il est fondant sous la dent. Égouttez-le et réservez.

2. Pendant ce temps, lavez et coupez les courgettes en fines tranches. Chauffez 1 cuillerée à soupe d'huile d'olive dans une poêle et faites rissoler les tranches de courgette en remuant de temps en temps. Retirez du feu et réservez.

3. Épluchez et émincez finement les oignons et l'ail. Hachez grossièrement les pistaches, ciselez les feuilles de menthe. Pressez le citron.

4. Dans un bol, mélangez l'huile d'olive restante, le jus de citron, l'ail et les oignons émincés ainsi que le sel.

5. Dans un saladier, mélangez le quinoa, les tranches de courgette rissolées, les pistaches hachées et la menthe ciselée. Assaisonnez avec le mélange à l'huile d'olive. Servez à température ambiante.

PLAT

GALETTE ARC-EN-CIEL
aux tomates

Pour 4 personnes
Préparation : 20 minutes
Réfrigération : 1 heure
Cuisson : 30 minutes

6 petites tomates multicolores
250 g de farine (t80) + un peu pour le plan de travail
100 g de beurre
2/3 de cuil. à soupe d'eau glacée
1 cuil. à café de sel
2 cuil. à soupe de moutarde
1 cuil. à soupe de miel liquide

PLAT

1. Préparez la pâte : versez dans un saladier la farine, le sel et le beurre. Travaillez avec le bout des doigts afin d'obtenir un mélange sablonneux. Versez l'eau glacée et travaillez rapidement la pâte afin de former une boule souple et homogène. Emballez-la dans un film et laissez reposer au réfrigérateur 1 heure.

2. Préchauffez le four à 180 °C (th. 6).

3. Lavez et coupez en fines tranches les tomates. Dans un bol, mélangez la moutarde et le miel.

4. Sortez la pâte du réfrigérateur. Farinez le plan de travail et étalez la pâte en un grand cercle d'une épaisseur de 1 cm. Badigeonnez le mélange miel, moutarde sur la pâte en laissant un bord de 3 cm.

5. Recouvrez une plaque de cuisson de papier sulfurisé. Posez le fond de tarte sur la plaque. Disposez les tranches de tomate sur la pâte. Repliez les bords sur les tomates.

6. Enfournez et laissez cuire 30 minutes. La galette est prête lorsque la pâte est bien cuite et dorée. Laissez refroidir et servez à température ambiante.

BEIGNETS D'ARTICHAUTS, *sauce au yaourt*

Pour 4 personnes
Préparation : 20 minutes
Cuisson : 20 minutes

1 boîte de cœurs d'artichaut
1 échalote moyenne
Huile d'olive
1 cuil. à soupe de jus de citron
1 ½ cuil. à café de sel
1 cuil. à café de paprika
¼ cuil. à café de poivre moulu
50 g de farine
15 cl de lait
100 g de chapelure
50 cl de yaourt
1 cuil. à soupe de câpres
3 brins d'aneth ciselés

PLAT

1. Égouttez les cœurs d'artichaut et réservez 2 cuillerées à soupe de liquide. Hachez les artichauts à l'aide d'un couteau en morceaux moyens. Épluchez et émincez finement l'échalote. Chauffez un filet d'huile d'olive dans une poêle moyenne et faites-y fondre l'échalote pendant 5 minutes, sans la faire colorer. Réservez.

2. Dans un grand saladier, mélangez les cœurs d'artichaut hachés, les 2 cuillerées à soupe de liquide, l'échalote rissolée, le jus de citron, 1 cuillerée à café de sel, le paprika, le poivre et la farine. Formez 8 galettes.

3. Versez, dans 2 assiettes creuses, le lait et la chapelure.

4. Trempez les galettes dans le lait puis dans la chapelure. Chauffez une grande poêle avec un filet d'huile d'olive et faites cuire les galettes 6 minutes environ de chaque côté. Les beignets doivent être bien dorés et croustillants.

5. Préparez la sauce au yaourt en mélangeant dans un bol le yaourt, l'aneth et le sel restant.

6. Servez les beignets bien chauds avec la sauce au yaourt et une salade verte pour un déjeuner léger.

BRIOCHES VAPEUR
aux aubergines

Pour 4 personnes
Préparation : 20 minutes
Cuisson : 45 minutes

250 g de farine + un peu pour le plan de travail
25 cl de lait de coco
2,5 g de levure
17 g de sucre en poudre + 1 pincée
800 g d'aubergines
3 gousses d'ail
1 anis étoilé
2 cuil. à soupe de sauce soja
1 pincée de sucre

Pour l'assaisonnement :
Sauce piment ail
½ bouquet de coriandre
3 ciboules émincées

1. Dans un saladier, mélangez la farine, la levure, le sucre et le lait de coco jusqu'à l'obtention d'une pâte lisse et un peu collante.

2. Épluchez et écrasez les gousses d'ail. Coupez les aubergines en petits dés. Chauffez une grande poêle et faites cuire l'ail écrasé, les dés d'aubergine, l'anis étoilé, la sauce soja et la pincée de sucre à couvert pendant 30 minutes, en remuant de temps en temps.

3. Retirez l'anis étoilé. Sur un plan de travail généreusement fariné, étalez la pâte et découpez 8 grands cercles. Posez sur chaque cercle 1 cuillerée à soupe bombée de préparation à l'aubergine. Repliez la pâte sur la farce et scellez bien.

4. Placez les brioches dans des papiers vapeur chemisés de papier sulfurisé. Faites cuire à la vapeur 15 minutes. Servez avec une sauce piment ail, des feuilles de coriandre et de la ciboule ciselée.

PLAT

LASAGNES AUX TOMATES
rôties et épinards

Pour 4 à 6 personnes
Préparation : 30 minutes
Cuisson : 1 h 20

12 feuilles de lasagne sans pré-cuisson
2 kg de tomates
4 gousses d'ail
10 cl d'huile d'olive + un pour pour le plat
2 cuil. à soupe de cassonade
3 cuil. à café de sel
1 ½ cuil. à café de poivre
400 g de ricotta
500 g de mozzarella
100 g d'épinards frais lavés
25 g de parmesan

PLAT

1. Préchauffez le four à 180 °C (th. 6).

2. Lavez et coupez les tomates en quartiers. Épluchez et écrasez les gousses d'ail. Mettez dans un grand plat à gratin les tomates, l'huile d'olive, les gousses d'ail écrasées, la cassonade, 2 cuillerées à café de sel et 1 cuillerée à café de poivre. Mélangez. Enfournez et laissez cuire 30 minutes environ, jusqu'à ce que les tomates soient bien rôties et compotées. Écrasez grossièrement les tomates à l'aide d'un presse-purée.

3. Pendant ce temps, coupez la mozzarella en fines tranches. Râpez le parmesan.

4. Huilez un plat à lasagnes. Versez une petite louche de tomates rôties et répartissez-la sur tout le fond. Posez dessus des feuilles de lasagne afin de recouvrir toute la surface. Versez 1 grosse louche de tomates rôties, puis répartissez un tiers de la ricotta, puis un tiers de la mozzarella et enfin un tiers des feuilles d'épinards. Salez et poivrez. Recommencez le même montage encore deux fois en finissant par une couche de feuilles de lasagne, 1 louche de tomates et le parmesan.

5. Recouvrez le plat d'une feuille de papier d'aluminium et enfournez. Laissez cuire 40 minutes environ puis retirez la feuille de papier sulfurisé et laissez cuire 10 minutes supplémentaires.

6. Servez les lasagnes bien chaudes avec une salade verte croquante.

FRITTATA COURGETTE, FETA

Pour 4 personnes
Préparation : 20 minutes
Cuisson : 25 minutes

1 courgette moyenne
6 œufs
100 g de feta
½ oignon rouge
1 cuil. à soupe d'huile d'olive
½ cuil. à café de sel
¼ de cuil. à café de poivre moulu

1. Préchauffez le four à 180 °C (th. 6). Épluchez l'oignon et lavez la courgette. Émincez-les finement. Chauffez l'huile d'olive dans une poêle allant au four, sur feu moyen, et faites revenir l'oignon et la courgette pendant 10 minutes.

2. Dans un saladier, fouettez les œufs avec le sel et le poivre. Incorporez l'oignon et la courgette rissolés. Émiettez la feta et incorporez-la au mélange. Versez l'omelette dans la poêle. Faites cuire sur feu vif pendant 5 minutes puis enfournez et laissez cuire 10 minutes.

3. Servez tiède ou à température ambiante avec une salade de mesclun pour un déjeuner léger ou un brunch.

PLAT

PATATES DOUCES FARCIES

Pour 4 personnes
Préparation : 30 minutes
Cuisson : 45 minutes

4 patates douces moyennes
50 g de quinoa
4 cuil. à café de pesto
6 tomates confites
50 g de raisins secs
30 g d'olives vertes dénoyautées
½ citron
50 g de yaourt à la grecque
2 cuil. à soupe de ciboulette
Sel

1. Préchauffez le four à 180 °C (th. 6). Lavez et brossez les patates douces. Placez-les sur une plaque de cuisson recouverte de papier sulfurisé. Enfournez et laissez cuire 30 minutes jusqu'à ce que la chair des patates douces soit bien tendre.

2. Dans une casserole d'eau salée, faites cuire le quinoa pendant 15 minutes après l'ébullition. Égouttez-le et mettez-le dans un saladier. Émincez les tomates confites et les olives vertes.

3. Mélangez au quinoa le pesto, les tomates confites, les olives vertes, les raisins secs et la ciboulette ciselée.

4. Ouvrez les patates douces en deux et répartissez le quinoa assaisonné. Mélangez le yaourt à la grecque et le jus de citron.

5. Servez les patates douces farcies avec 1 cuillerée à soupe de yaourt à température ambiante.

LÉGUMES FARCIS

Pour 4 personnes
Préparation : 30 minutes
Cuisson : 55 minutes

4 courgettes rondes moyennes
4 tomates marmande
200 g de boulgour
1 l de bouillon de légumes
½ oignon rouge
50 g de raisins secs
50 g de pignons de pin
1 cuil. à café de gingembre moulu
1 cuil. à café de cumin en poudre
1 cuil. à café de coriandre moulue
2 cuil. à soupe de feuilles de persil
2 cuil. à soupe d'huile d'olive + 1 filet
1 cuil. à café de sel
½ cuil. à café de poivre

PLAT

1. Préchauffez le four à 180 °C (th. 6). Chauffez le bouillon de légumes dans une casserole, ajoutez le boulgour et faites cuire 15 minutes environ après ébullition. Le boulgour est cuit lorsqu'il est fondant sous la langue. Épluchez et émincez finement l'oignon.

2. Lavez et coupez le chapeau de chaque courgette et tomate. Réservez-les. Retirez le cœur de la chair de celles-ci en prenant garde de ne pas percer la peau. Placez les courgettes dans un plat à gratin et enfournez pour 20 minutes environ, jusqu'à ce qu'elles soient bien tendres.

3. Pendant ce temps, dans une poêle, chauffez 1 cuillerée à soupe d'huile d'olive et faites revenir l'oignon émincé pendant 5 minutes.

4. Dans un saladier, mélangez le boulgour, l'oignon rissolé, les raisins secs, les pignons de pin, le gingembre, le cumin, la coriandre moulue, les feuilles de persil hachées, l'huile d'olive restante, le sel et le poivre.

5. Remplissez les courgettes et les tomates avec la farce de boulgour. Placez-les dans un plat à gratin. Replacez les chapeaux sur chaque légume. Versez un filet d'huile d'olive dessus puis enfournez et laissez cuire 30 minutes.

6. Servez les légumes farcis tièdes avec une salade croquante.

FAJITAS SAUCE CHIMICHURRI

Pour 4 personnes
Préparation : 30 minutes
Cuisson : 30 minutes

12 tortillas de blé
1 poivron
250 g de riz
50 cl de bouillon de légumes
10 cl d'huile d'olive + 3 cuil. à soupe
½ oignon
1 ½ cuil. à café de sel
1 tomate
1 boîte de haricots rouges (400 g)
5 cl de vinaigre de vin
4 gousses d'ail
4 cuil. à soupe de feuilles de persil
2 cuil. à soupe de feuilles de coriandre
½ cuil. à café de thym
½ cuil. à café de poivre
½ cuil. à café de cumin moulu

Pour servir :
2 tomates
2 avocats
1 petite laitue
25 g de crème épaisse

1. Épluchez et émincez finement l'oignon. Coupez la tomate en petits cubes. Dans une casserole, faites chauffer sur feu moyen 2 cuillerées à soupe d'huile d'olive. Faites revenir l'oignon avec 1 cuillerée à café de sel jusqu'à ce qu'il soit tendre. Ajoutez la tomate, le riz et le bouillon de légumes et portez à ébullition. Réduisez le feu et laissez mijoter à couvert jusqu'à ce que le bouillon soit entièrement absorbé. Retirez du feu et réservez.

2. Pendant ce temps, préparez la sauce chimichurri. Dans le bol d'un robot mixeur, mettez 10 cl d'huile d'olive, le vinaigre, les gousses d'ail épluchées, le persil, la coriandre, le thym, le poivre, le cumin et le sel restant. Mixez jusqu'à ce que les ingrédients soient amalgamés.

3. Coupez le poivron en fines lanières. Chauffez le reste d'huile dans une poêle et faites revenir le poivron pendant 15 minutes. Réservez. Égouttez et rincez les haricots rouges.

4. Émincez les tomates et la chair des avocats en petits cubes. Lavez et émincez la laitue en fines lanières.

5. Au moment de servir, remplissez chaque tortilla de riz à la tomate, de poivron grillé, de haricots rouges, de sauce chimichurri, de crème épaisse, de lanières de laitue, de dés de tomate et d'avocat.

★★★ PLAT ★★★

RATATOUILLE AU FOUR

Pour 4 personnes
Préparation : 30 minutes
Cuisson : 45 minutes

3 tomates
2 courgettes
1 aubergine
1 poivron jaune
1 oignon rouge
1 gousse d'ail
1 boîte de coulis de tomates
1 cuil. à café de sel
½ cuil. à café de poivre
2 cuil. à soupe d'huile d'olive
+ un peu pour le plat
1 poignée de feuilles
de persil plat
1 cuil. à soupe de thym
1 cuil. à soupe de romarin

PLAT

1. Préchauffez le four à 180 °C (th. 6). Huilez un grand plat à tarte ou à gâteau. Coupez un cercle de papier sulfurisé du même diamètre que le plat.

2. Épluchez l'oignon et l'ail. Lavez les tomates, les courgettes, l'aubergine, le poivron et tranchez-les, ainsi que l'oignon, finement et régulièrement, à l'aide d'une mandoline ou d'un couteau bien aiguisé. Émincez finement la gousse d'ail.

3. Étalez le coulis de tomates en une couche uniforme dans le fond du plat. Assaisonnez avec ½ cuillerée à café de sel. Ajoutez les légumes en alternant régulièrement tomate, courgette, aubergine, poivron et oignon en cercle. Hachez grossièrement le thym, le romarin et le persil.

4. Laquez les légumes, à l'aide d'un pinceau, avec l'huile d'olive. Salez et poivrez la ratatouille. Saupoudrez de thym et de romarin.

5. Recouvrez avec le cercle de papier sulfurisé. Enfournez et laissez cuire 45 minutes.

6. Parsemez de persil et servez chaud, tiède ou à température ambiante avec du riz parfumé.

CHAKCHOUKA

Pour 4 personnes
Préparation : 20 minutes
Cuisson : 45 minutes

1 poivron rouge
1 boîte de tomates concassées (400 g)
1 oignon jaune moyen
3 gousses d'ail
3 cuil. à soupe d'huile d'olive
1 cuil. à café de cumin moulu
1 cuil. à café de paprika
1 cuil. à café de sel
4 gros œufs
50 g de feta
2 cuil. à soupe de persil haché

1. Lavez et coupez le poivron en petits cubes. Épluchez et émincez finement l'oignon et les gousses d'ail.

2. Faites chauffer l'huile d'olive dans une grande poêle à fond épais sur feu moyen. Faites revenir l'oignon, l'ail et le poivron pendant 10 minutes. Ajoutez les tomates concassées, le cumin moulu, le paprika et le sel. Laissez mijoter à couvert pendant 30 minutes.

3. À l'aide d'une grande cuillère, formez 4 nids dans la préparation. Cassez les œufs et versez-les dans chaque nid. Remettez le couvercle et laissez cuire 5 minutes.

4. Émiettez la feta. Répartissez-la sur la chakchouka avec le persil haché. Servez immédiatement avec du pain au levain.

PLAT

VEGGIE BOWL

Pour 4 personnes
Préparation : 20 minutes
Cuisson : 35 minutes

250 g de tofu
Le jus de 1 orange
2 cuil. à café de sirop d'érable
½ cuil. à café de sel + un peu pour la cuisson
¼ de cuil. à café de poivre
200 g de riz complet
1 filet d'huile
400 g d'edamame
1 petit concombre
2 avocats
2 cuil. à soupe de sésame
2 ciboules
2 cuil. à café de gingembre frais
2 cuil. à soupe de vinaigre de riz
2 cuil. à soupe d'huile de sésame
3 cuil. à soupe d'huile de tournesol
½ citron vert
1 cuil. à soupe de sauce soja

1. Chauffez une grande casserole d'eau salée et faites cuire le riz 20 minutes. Égouttez et réservez. Pendant ce temps, coupez le tofu et mélangez-le avec le sirop d'érable, le jus d'orange, le sel et le poivre.

2. Faites chauffer une poêle avec l'huile sur feu moyen. Faites rissoler le tofu et sa marinade pendant 15 minutes. Le tofu est prêt lorsqu'il est croustillant et bien doré. Faites cuire les edamame 10 minutes à la vapeur puis écossez-les.

3. Émincez les ciboules. Épluchez et râpez le gingembre. Épluchez le concombre et les avocats. Coupez-les en petits cubes.

4. Dans un bol, mélangez le gingembre, le vinaigre de riz, l'huile de sésame, l'huile de tournesol, le jus de citron vert et la sauce soja.

5. Répartissez le riz dans 4 assiettes creuses et ajoutez les dés d'avocat, de concombre, le tofu croustillant et les edamame. Assaisonnez avec la sauce. Saupoudrez avec les graines de sésame et les ciboules émincées.

6. Servez à température ambiante.

PLAT

SPANAKOPITA

Pour 4 personnes
Préparation : 20 minutes
Cuisson : 1 heure

8 feuilles de brick
1 kg d'épinards hachés surgelés
1 oignon
½ bouquet de persil
3 œufs
70 g de beurre
200 g de feta
2 cuil. à soupe d'huile d'olive + 1 filet
2 pincées de cannelle
1 pincée de noix de muscade râpée
½ cuil. à café de sel
¼ de cuil. à café de poivre

PLAT

1. Préchauffez le four à 200 °C (th. 6-7).

2. Décongelez les épinards. Épluchez et émincez finement l'oignon. Chauffez une poêle sur feu moyen avec le filet d'huile d'olive et faites fondre l'oignon émincé pendant 10 minutes.

3. Lavez et hachez le persil. Émiettez la feta. Dans un saladier, mélangez les épinards, l'oignon cuit, le persil, les œufs battus, la feta, l'huile d'olive, la cannelle, la noix de muscade, le sel et le poivre.

4. Faites fondre le beurre. Badigeonnez 1 feuille de brick de beurre fondu à l'aide d'un pinceau et placez-la au fond d'un moule à manqué. Beurrez 4 autres feuilles et placez-les en corolle tout autour du moule en les laissant déborder. Beurrez 1 autre feuille de brick et placez-la au fond du moule. Versez dans le moule la préparation aux épinards. Repliez les feuilles de brick dessus et placez les 2 feuilles restantes préalablement beurrées.

5. Enfournez et laissez cuire 45 minutes. Les feuilles de brick doivent être bien croustillantes et dorées.

6. Servez tiède ou à température ambiante pour un déjeuner léger.

TABOULÉ ET HALLOUMI POÊLÉ

Pour 4 personnes
Préparation : 20 minutes
Cuisson : 10 minutes

100 g de boulgour fin
2 bouquets de persil plat
Le jus de 1 citron
3 tomates
8 cuil. à soupe d'huile d'olive
1 cuil. à café de sel
1/4 de cuil. à café de poivre
180 g d'halloumi

1. Lavez et émincez finement le persil. Coupez les tomates en petits dés. Placez le persil dans un saladier, avec le boulgour, le jus de citron, l'huile d'olive, les tomates, le sel et le poivre. Réservez.

2. Coupez l'halloumi en 8 tranches ; faites-les cuire dans une poêle sur feu vif pendant 5 minutes de chaque côté.

3. Répartissez le taboulé dans 4 assiettes et placez dessus 2 tranches d'halloumi poêlé. Servez immédiatement pour un déjeuner léger.

PLAT

SAMOUSSAS AUX PETITS POIS

Pour 4 personnes
Préparation : 45 minutes
Cuisson : 1 heure

550 g de farine + un peu pour le plan de travail
½ cuil. à café de levure
12 cl d'huile + 1 cuil. à café
500 g de pommes de terre
250 g de petits pois
2 gousses d'ail
1 oignon
1 cuil. à café de gingembre râpé
1 cuil. à café de graines de cumin
½ cuil. à café de graines de fenouil
1 cuil. à café de garam masala
1 cuil. à café de coriandre moulue
½ citron
½ bouquet de coriandre
Sel
40 cl de lait de coco
½ bouquet de menthe

PLAT

1. Dans un saladier, mélangez la farine, la levure, ½ cuillerée à café de sel, l'huile et 1,5 cl d'eau froide. Travaillez afin d'obtenir une pâte lisse et souple. Emballez-la et placez-la au réfrigérateur le temps de préparer les légumes.

2. Préchauffez le four à 180 °C (th. 6). Épluchez les pommes de terre et coupez-les en petits cubes. Épluchez et émincez l'oignon et les gousses d'ail.

3. Faites chauffer la cuillerée à café d'huile dans une casserole sur feu moyen. Faites revenir l'oignon, l'ail, le gingembre, le cumin, le fenouil, le garam masala et la coriandre moulue pendant 5 minutes. Lavez et hachez les feuilles de coriandre.

4. Ajoutez les cubes de pomme de terre, les petits pois, le jus de citron et les feuilles de coriandre hachées. Laissez cuire 20 minutes environ jusqu'à ce que les pommes de terre soient tendres. Mélangez en écrasant les légumes.

5. Farinez généreusement un plan de travail et étalez la pâte sortie du réfrigérateur. Coupez une vingtaine de grands cercles de pâte. Placez 1 grosse cuillerée à soupe de légumes sur chaque cercle. Refermez la pâte sur la farce en formant un triangle. Placez sur une plaque de cuisson recouverte de papier sulfurisé. Enfournez et laissez cuire 40 minutes. Les samoussas doivent être dorés.

6. Lavez les feuilles de menthe et mettez-les dans le bol d'un mixeur avec le lait de coco. Mixez jusqu'à l'obtention d'une crème verte bien lisse. Ajoutez une pincée de sel. Servez les samoussas bien chauds avec la crème.

BLINIS DE SARRASIN

Pour 4 personnes
Préparation : 10 minutes
Repos : 1 heure
Cuisson : 20 minutes

15 cl de lait
3 cuil. à soupe de yaourt à la grecque
1 cuil. à café de levure de boulanger sèche
50 g de farine de sarrasin
80 g de farine de blé
1 cuil. à café de sel fin
2 gros œufs
Huile

APÉRITIF

1. Dans un saladier, mélangez le lait, le yaourt et la levure. Réservez. Dans un grand bol, mélangez la farine de sarrasin, la farine de blé et le sel. Réservez.

2. Séparez les blancs des jaunes d'œufs. Réservez les blancs. Incorporez les jaunes au mélange lait, yaourt puis les farines. Mélangez jusqu'à l'obtention d'une pâte bien lisse. Couvrez le saladier d'un torchon propre et laissez reposer pendant 1 heure à température ambiante.

3. Montez les blancs d'œufs réservés en neige ferme. Puis incorporez-les délicatement à la pâte à blinis.

4. Faites chauffer, sur feu moyen, une poêle à fond épais légèrement huilée. Versez 1 petite louche de pâte et laissez cuire 5 minutes environ jusqu'à ce que la pâte forme des bulles en surface et soit bien dorée en dessous. Retournez délicatement à l'aide d'une spatule et laissez cuire 3 minutes environ. Poursuivez jusqu'à épuisement de la pâte. Emballez les blinis au fur et à mesure dans un torchon propre.

5. Servez tiède avec les accompagnements de votre choix.

QUESADILLAS AVOCAT, *mozzarella*

Pour 4 personnes
Préparation : 10 minutes
Cuisson : 25 minutes

8 tortillas de blé
250 g de mozzarella
1 avocat mûr mais ferme
2 cuil. à soupe de feuilles de coriandre

★★★ APÉRITIF ★★★

1. Coupez la mozzarella en 16 tranches. Épluchez et retirez le noyau de l'avocat, puis coupez-le en 16 tranches.

2. Sur chaque tortilla, placez 2 tranches de mozzarella et 2 tranches d'avocat. Parsemez de quelques feuilles de coriandre et repliez en deux la tortilla. Continuez jusqu'à obtenir 8 tortillas.

3. Chauffez une grande poêle à fond épais sur feu vif. Mettez 2 tortillas et faites cuire 3 minutes environ de chaque côté, jusqu'à ce que les tortillas soient dorées et le fromage fondu.

4. Servez immédiatement les tortillas en apéritif ou accompagnées d'une salade verte.

HOUMOUS

Pour 4 personnes
Préparation : 30 minutes

1 boîte de pois chiches de 400 g
1 gousse d'ail
2 cuil. à soupe de jus de citron
½ cuil. à café de sel
3 cuil. à soupe de tahini (purée de sésame)
15 cl d'eau

1. Épluchez les pois chiches et la gousse d'ail.

2. Dans le bol d'un robot mixeur, placez les pois chiches épluchés, la gousse d'ail, le jus de citron, le sel, le tahini et l'eau. Mixez jusqu'à l'obtention d'une pâte bien lisse.

3. Conservez au frais pendant 3 jours dans une boîte hermétiquement fermée. Servez à température ambiante.

★★★ APÉRITIF ★★★

PAIN APÉRITIF PESTO
au persil et fromage de brebis

Pour 4 personnes
Préparation : 15 minutes
Cuisson : 30 minutes

1 pain au levain de 500 g environ
½ bouquet de persil plat
3 gousses d'ail
½ cuil. à café de sel fin
¼ cuil. à café de poivre moulu
10 cl d'huile d'olive
150 g de tomme de brebis

APÉRITIF

1. Préchauffez le four à 200 °C (th. 6-7).

2. Incisez le pain au levain en diagonale dans deux sens afin de former des carreaux et en prenant soin de ne pas couper la croûte du dessous. Réservez.

3. Préparez le pesto : lavez et effeuillez le persil. Épluchez les gousses d'ail. Placez les feuilles de persil, les gousses d'ail, le sel et le poivre dans le bol d'un robot mixeur. Mixez et versez en filet l'huile d'olive.

4. Râpez grossièrement la tomme de brebis. Remplissez les interstices du pain au levain de tomme râpée et de pesto au persil.

5. Emballez le pain dans une grande feuille de papier sulfurisé puis dans du papier d'aluminium. Placez le pain ainsi emballé sur une plaque de cuisson et mettez au four.

6. Laissez cuire 20 minutes puis déballez le pain et remettez au four pour 10 minutes supplémentaires. Le pain apéritif est prêt lorsque le fromage est bien fondu et doré sur le dessus. Servez immédiatement.

BRUSCHETTA HARICOTS BLANCS
et champignons

Pour 4 personnes
Préparation : 20 minutes
Cuisson : 10 minutes

1 boîte de haricots blancs cuits de 400 g
4 cuil. à soupe d'huile d'olive
2 pincées de sel fin
2 pincées de poivre moulu
1 cuil. à café de jus de citron
20 champignons bruns
8 tranches de pain de campagne
1 cuil. à café de feuille de thym

1. Égouttez les haricots blancs et placez-les dans le bol d'un robot mixeur avec 3 cuillerées à soupe d'huile d'olive, une pincée de sel, une pincée de poivre et le jus de citron. Mixez jusqu'à l'obtention d'un mélange bien lisse.

2. Retirez les pieds des champignons, nettoyez-les et coupez-les en tranches fines.

3. Chauffez une poêle avec l'huile d'olive restante et faites revenir les champignons avec le thym, le sel et le poivre restants. Laissez cuire en remuant de temps en temps pendant 10 minutes environ.

4. Pendant ce temps, grillez les tranches de pain de campagne. Tartinez celles-ci avec le mélange aux haricots blancs et parsemez de champignons poêlés. Servez à température ambiante.

APÉRITIF

SABLÉS AU ROQUEFORT

Pour 4 personnes
Préparation : 10 minutes
Réfrigération : 1 heure
Cuisson : 15 minutes

80 g de beurre à température ambiante
50 g de roquefort à température ambiante
150 g de farine de blé
1 jaune d'œuf

1. Dans un saladier, à l'aide d'une spatule, mélangez le beurre et le roquefort. Ajoutez la farine, mélangez bien puis ajoutez le jaune d'œuf.

2. Divisez la pâte en deux et formez des boudins de 3 cm de diamètre environ. Filmez-les et laissez-les reposer 1 heure au réfrigérateur.

3. Préchauffez le four à 200 °C (th. 6-7). Chemisez une plaque de cuisson de papier sulfurisé.

4. Sortez les boudins de pâte du réfrigérateur. Retirez le film autour de la pâte et découpez chaque boudin en tranches de 1 cm environ. Déposez les sablés sur la plaque de cuisson et faites cuire 15 minutes environ jusqu'à ce que les sablés soient dorés.

5. Servez à température ambiante à l'apéritif.

CHAMPIGNONS FARCIS

Pour 4 personnes
Préparation : 20 minutes
Cuisson : 30 minutes

12 champignons de Paris de taille moyenne
125 g de riz complet cuit
5 tomates confites
25 g de pignons de pin
2 cuil. à soupe de tahini (purée de sésame)
2 cuil. à soupe de feuilles de persil émincées
½ cuil. à soupe d'huile d'olive

★★★ ENTRÉE ★★★

1. Préchauffez le four à 180 °C (th. 6).

2. Lavez les champignons puis essuyez-les. Retirez les pieds mais conservez-les. Coupez les tomates confites en petits morceaux.

3. Dans un grand bol, mélangez le riz complet cuit, les tomates confites, les pignons de pin, le tahini et les feuilles de persil.

4. Mettez les champignons, peau vers le bas, dans un plat à gratin. Remplissez-les de farce. S'il reste de la farce, répartissez-la dans le plat. Versez l'huile d'olive en filet sur les champignons farcis.

5. Enfournez et laissez cuire 30 minutes environ. Les champignons doivent être souples et la farce bien dorée. Servez chaud ou à température ambiante en entrée ou en accompagnement de légumes rôtis.

PANCAKES DE COURGE

Pour 4 personnes
Préparation : 20 minutes
Cuisson : 30 minutes

450 g de purée de courge nature
2 œufs
10 cl de lait
1 cuil. à café de sel
½ cuil. à café de poivre moulu
50 g de farine
2 cuil. à café de levure
1 cuil. à café de coriandre moulue
2 cuil. à soupe de feuilles de coriandre hachées
1 filet d'huile

1. Cassez les œufs en séparant les blancs des jaunes. À l'aide d'un batteur, montez les blancs en neige ferme. Réservez.

2. Dans un saladier, mélangez la purée de courge, les jaunes d'œufs, le lait, le sel, le poivre, la farine, la levure, la coriandre moulue et les feuilles de coriandre.

3. Incorporez délicatement les blancs d'œufs à l'aide d'une spatule souple.

4. Faites chauffer une grande poêle avec l'huile sur feu moyen. Versez des cuillerées de pâte bien séparées les unes des autres. Laissez cuire 5 minutes de chaque côté. Les pancakes sont cuits lorsqu'ils sont bien dorés.

5. Servez immédiatement les pancakes, pour un brunch ou un déjeuner, accompagnés de salade verte.

ENTRÉE

MUFFINS PAIN DE MAÏS

Pour 6 personnes
Préparation : 20 minutes
Cuisson : 30 minutes

125 g de polenta
125 g de farine de blé
25 g de sucre en poudre
1 cuil. à café de bicarbonate de soude
2 cuil. à café de levure chimique
¾ de cuil. à café de sel
10 cl de lait
2 œufs
60 cl d'huile d'olive + un peu pour les moules
1 ciboule
1 cuil. à soupe de persil
1 cuil. à café de romarin
150 g de grains de maïs cuits

1. Préchauffez le four à 180 °C (th. 6).

2. Lavez et émincez la ciboule, le persil et le romarin.

3. Dans un saladier, mélangez la polenta, la farine, le sucre, le bicarbonate, la levure et le sel. Dans un grand bol, mélangez le lait, les œufs et l'huile d'olive. Ajoutez ce mélange au premier puis les grains de maïs, la ciboule, le persil et le romarin.

4. Versez la pâte dans 6 moules à muffin graissés ou dans des caissettes en papier. Enfournez 30 minutes environ, jusqu'à ce que la pointe d'un couteau enfoncée au cœur ressorte sèche.

5. Laissez refroidir sur une grille à pâtisserie. Les muffins se conservent 3 jours dans une boîte hermétique ou bien emballés pendant 3 mois au congélateur. Servez en accompagnement d'une salade ou d'une soupe ou emportez-les pour un pique-nique.

★★★ ENTRÉE ★★★

SALADE FENOUIL, ROQUETTE, *pomme et coriandre*

Pour 4 personnes
Préparation : 20 minutes

2 fenouils moyens
100 g de roquette
1 pomme
½ bouquet de coriandre
5 cl d'huile d'olive
Le jus de ½ citron
1 cuil. à soupe de miel liquide
½ cuil. à café de sel

ENTRÉE

1. Retirez les feuilles extérieures et les cœurs durs des fenouils. Épluchez la pomme et retirez le cœur. À l'aide d'une mandoline ou d'un couteau très bien aiguisé, coupez en fines tranches la pomme et les fenouils.

2. Lavez et essorez les feuilles de roquette et de coriandre. Dans un bol, mélangez l'huile d'olive, le jus de citron, le miel et le sel.

3. Répartissez les tranches de fenouil, de pomme, la roquette et la coriandre entre 4 assiettes et versez dessus la sauce d'assaisonnement. Servez frais pour une entrée légère.

SALADE DE NOUILLES DE RIZ
aux légumes

PLAT

Pour 4 personnes
Préparation : 30 minutes

150 g de nouilles de riz
500 g de chou rouge
1 grosse carotte
1 concombre libanais
1 poivron jaune ou orange
½ bouquet de coriandre
½ bouquet de menthe
6 cl de jus de citron vert
6 cl de sauce au piment
1 cuil. à soupe de sauce soja
1 cuil. à soupe de sucre en poudre

1. Mettez les nouilles de riz dans un saladier et recouvrez-les d'eau bouillante. Laissez reposer jusqu'à ce que les nouilles soient tendres. Égouttez-les.

2. Pendant ce temps, épluchez la carotte et le concombre. Râpez la carotte et le chou rouge. Émincez finement le concombre et le poivron. Lavez les feuilles de coriandre et de menthe.

3. Dans un bol, mélangez le jus de citron, la sauce au piment, la sauce soja et le sucre. Remuez jusqu'à ce que le sucre soit dissous.

4. Dans un grand saladier, mélangez délicatement les nouilles avec la sauce, les légumes et les herbes. Servez bien frais.

BUDDHA BOWL D'AUTOMNE

Pour 4 personnes
Préparation : 20 minutes
Cuisson : 20 minutes

1 grosse betterave cuite
2 carottes
100 g de feuilles d'épinards
200 g de quinoa cuit
4 cuil. à soupe de pesto
200 g de pois chiches
1 cuil. à soupe d'huile d'olive
1 cuil. à café bombée de ras el-hanout

1. Préchauffez le four à 160 °C (th. 5-6). Épluchez les pois chiches et mélangez-les avec l'huile d'olive et le ras el-hanout. Placez sur une plaque de cuisson recouverte de papier sulfurisé. Enfournez et laissez cuire 20 minutes, jusqu'à ce que les pois chiches soient croustillants.

2. Épluchez la betterave et les carottes. Coupez la betterave en petits cubes. Râpez les carottes. Lavez et séchez les feuilles d'épinards.

3. Dans un saladier, mélangez le quinoa cuit, le pesto, la betterave, les carottes, les feuilles d'épinards et les pois chiches rôtis. Servez à température ambiante pour un déjeuner léger ou un pique-nique.

PLAT

WRAPS HOUMOUS, *légumes croquants*

Pour 4 personnes
Préparation : 30 minutes

4 wraps de blé ou de maïs
¼ de chou rouge
2 carottes
4 ciboules
½ poivron rouge
200 g d'houmous
1 citron vert
1 cuil. à soupe de feuilles de coriandre

1. Épluchez les carottes et retirez le pédoncule et les graines du poivron. Émincez finement le chou rouge, les carottes, les ciboules et le poivron.

2. Tartinez les wraps d'houmous et répartissez les légumes sur chaque wrap. Aspergez d'un filet de jus de citron vert et parsemez de quelques feuilles de coriandre et les ciboules émincées. Refermez les wraps en rouleaux. Servez immédiatement pour un brunch, un déjeuner ou un pique-nique.

PLAT

TOFU TERIYAKI
et nouilles soba

Pour 4 personnes
Préparation : 20 minutes
Repos : 6 heures
Cuisson : 30 minutes

500 g de tofu ferme
300 g de nouilles soba
16 cl de sauce soja
16 cl de vin doux
1 cuil. à soupe de sucre en poudre
1 cuil. à soupe de fécule de maïs
2 cuil. à café de ciboulette ciselée
2 cuil. à soupe de graines de sésame
2 cuil. à soupe de nori en paillettes
2 cuil. à soupe d'huile de tournesol + 1 filet

PLAT

1. Préparez la sauce teriyaki : dans une petite casserole, faites chauffer la sauce soja, le vin doux, le sucre et la fécule de maïs, sur feu doux jusqu'à ce que la sauce épaississe. Coupez le tofu en 4 tranches. Placez-les dans un plat et versez la sauce teriyaki dessus. Laissez mariner 6 heures au minimum ou toute la nuit au réfrigérateur.

2. Chauffez une grande casserole d'eau salée et faites cuire les nouilles soba selon les indications du paquet. Égouttez et mélangez avec l'huile de tournesol.

3. Pendant ce temps, chauffez une poêle à fond épais sur feu vif avec un filet d'huile et faites rissoler les tranches de tofu égouttées (en conservant la sauce de la marinade) pendant 5 minutes de chaque côté. Versez la sauce teriyaki réservée dessus et laissez mijoter 5 minutes supplémentaires sur feu doux.

4. Servez les nouilles soba à température ambiante avec les tranches de tofu teriyaki parsemées de graines de sésame, de ciboulette et de nori en paillettes.

TAJINE DE LÉGUMES
et semoule de chou-fleur

Pour 4 personnes
Préparation : 30 minutes
Cuisson : 50 minutes

200 g de pommes de terre
1 fenouil
6 carottes
Huile d'olive
1 poignée de haricots mange-tout
1 petit chou-fleur
1 oignon jaune
2 gousses d'ail
2 cuil. à soupe de raisins secs
1 cuil. à soupe de concentré de tomate
1 pincée de safran
1 cuil. à café de gingembre en poudre
1 cuil. à café de curcuma
1 cuil. à café de sel + 1 pincée
½ cuil. à café de poivre
20 cl de coulis de tomates

PLAT

1. Épluchez les pommes de terre et les carottes. Coupez-les en gros morceaux ainsi que le fenouil. Épluchez et émincez finement l'oignon et les gousses d'ail.

2. Dans une cocotte à fond épais, faites chauffer 1 cuillerée à café d'huile d'olive sur feu moyen. Faites revenir l'ail et l'oignon 5 minutes environ, jusqu'à ce qu'ils soient translucides. Ajoutez le safran, le gingembre, le curcuma, le sel et le poivre et laissez cuire 5 minutes supplémentaires.

3. Ajoutez les pommes de terre, les carottes, le fenouil, les haricots mange-tout, les raisins secs, le concentré de tomate. Mélangez et mouillez avec le coulis de tomates et 20 cl d'eau. Portez à frémissements, baissez le feu et couvrez. Laissez cuire 45 minutes environ. Les légumes doivent être fondants.

4. Pendant ce temps, râpez les fleurettes de chou-fleur à l'aide d'une râpe à gros trous. Faites-les cuire 5 minutes à la vapeur. Versez 1 cuillerée à soupe d'huile d'olive et une pincée de sel.

5. Servez aussitôt le tajine avec la semoule de chou-fleur bien chaude et du pain au levain.

TARTE AUX ÉPINARDS

Pour 4 personnes
Préparation : 30 minutes
Cuisson : 50 minutes

250 g de farine + un peu pour le plan de travail
125 g de beurre bien froid + un peu pour le moule à tarte
3 cuil. à soupe d'eau froide
1 ½ cuil. à café de sel
100 g d'épinards hachés surgelés
3 œufs
20 cl de crème entière liquide
30 g de comté
¼ de cuil. à café de poivre
¼ de cuil. à café de noix de muscade

1. Préparez la pâte : mélangez dans un saladier, la farine, 1 cuillerée à café de sel et le beurre jusqu'à l'obtention d'un mélange sablonneux. Ajoutez l'eau cuillerée par cuillerée en travaillant la pâte afin d'obtenir une pâte lisse et homogène. Filmez la pâte et réservez au réfrigérateur.

2. Préchauffez le four à 200 °C (th. 6-7). Décongelez les épinards. Râpez le comté. Dans un saladier, battez les œufs, la crème, la noix de muscade, le reste de sel, le poivre, les épinards et le comté.

3. Farinez un plan de travail et étalez la pâte sortie du réfrigérateur. Foncez un moule à tarte beurré. Recouvrez le fond de pâte de papier sulfurisé et placez des poids ou des lentilles. Enfournez et laissez cuire à blanc 15 minutes environ jusqu'à ce que la pâte soit dorée. Sortez du four, retirez les poids et le papier sulfurisé. Versez la préparation aux épinards sur le fond de tarte et remettez au four 30 minutes.

4. Servez tiède ou à température ambiante pour un déjeuner léger, un pique-nique ou un brunch.

PLAT

BOURGUIGNON DE CHAMPIGNONS
et polenta crémeuse

Pour 4 personnes
Préparation : 20 minutes
Cuisson : 40 minutes

500 g de champignons mélangés (bella rosa, pleurotes…)
1 grosse échalote
2 gousses d'ail
2 oignons frais
1 feuille de laurier
3 cuil. à soupe d'huile d'olive
1 cuil. à café de thym
1 cuil. à café d'origan
½ cuil. à café de sel
¼ de cuil. à café de poivre moulu
2 cuil. à soupe de farine
10 cl de bouillon de légumes
10 cl de vin rouge
3 cuil. à soupe de concentré de tomate
250 g de polenta

PLAT

1. Épluchez et émincez les oignons, l'échalote et les gousses d'ail. Faites chauffer 1 cuillerée à soupe d'huile d'olive dans une sauteuse. Faites rissoler l'échalote, l'ail, les oignons, ajoutez la feuille de laurier, le thym et l'origan puis ajoutez les champignons et laissez cuire 5 minutes.

2. Ajoutez en pluie la farine et enrobez bien les champignons puis versez le bouillon de légumes, le vin rouge, le poivre et le concentré de tomate. Laissez mijoter, sur feu moyen, pendant 20 minutes.

3. Pendant ce temps, faites chauffer 1,2 l d'eau salée jusqu'à frémissements. Versez en pluie la polenta et faites-la cuire sans cesser de remuer jusqu'à ce qu'elle soit souple et crémeuse. Ajoutez 2 cuillerées à soupe d'huile d'olive.

4. Servez immédiatement la polenta avec le bourguignon de champignons pour un repas réconfortant.

SPAGHETTIS À LA BOLOGNAISE

Pour 4 personnes
Préparation : 20 minutes
Cuisson : 40 minutes

1 oignon moyen
1 petite carotte
1 cuil. à soupe d'huile d'olive
1 boîte de 400 g de tomates concassées
10 cl de vin blanc
1 feuille de laurier
2 cuil. à café de sel + un peu pour la cuisson
½ cuil. à café de poivre
125 g de tofu
240 g de haricots rouges cuits
3 cuil. à soupe de concentré de tomate
500 g de spaghettis
Basilic et parmesan pour servir

1. Épluchez et émincez finement l'oignon et la carotte. Faites chauffer l'huile d'olive dans une poêle à fond épais, sur feu moyen. Faites rissoler l'oignon et la carotte pendant 5 minutes puis mouillez avec le vin blanc. Ajoutez la feuille de laurier et 1 cuillerée à café de sel et laissez réduire 5 minutes, puis ajoutez les tomates concassées. Laissez frémir sur feu doux pendant 20 minutes environ.

2. Pendant ce temps, dans un plat creux, écrasez à la fourchette le tofu, les haricots rouges, le concentré de tomate, le sel restant et le poivre. Incorporez cette préparation à la sauce tomate et poursuivez la cuisson 10 minutes.

3. Pendant ce temps, portez une grande casserole d'eau salée à ébullition et faites cuire les spaghettis selon les instructions du paquet. Égouttez-les et versez la sauce bolognaise dessus.

4. Servez bien chaud avec des feuilles de basilic et du parmesan.

PLAT

HOT DOGS DE PATATE DOUCE *effilochée*

Pour 4 personnes
Préparation : 20 minutes
Cuisson : 45 minutes

1 oignon jaune
1 grosse patate douce (500 g environ)
2 cuil. à soupe d'huile
6 cuil. à soupe de sauce barbecue
1 cuil. à café de sel
¼ de cuil. à café de poivre moulu
4 pains à hot dog
50 g de yaourt à la grecque
½ citron
1 poignée de feuilles de coriandre

PLAT

1. Préchauffez le four à 180 °C (th. 6).

2. Épluchez l'oignon et la patate douce. Émincez l'oignon en fines rondelles. À l'aide d'une grosse râpe ou d'une mandoline, faites de longs spaghettis de patate douce.

3. Dans un saladier, mélangez l'huile, la sauce barbecue, ½ cuillerée à café de sel et le poivre. Ajoutez l'oignon et les spaghettis de patate douce. Mélangez bien afin que l'oignon et la patate douce soient parfaitement enrobés.

4. Placez cette préparation sur une plaque de cuisson recouverte de papier sulfurisé. Enfournez et laissez cuire 45 minutes, en remuant de temps en temps. Les spaghettis doivent être fondants et caramélisés.

5. Pendant ce temps, mélangez dans un bol le yaourt à la grecque, le jus de citron et le sel restant.

6. Répartissez la patate douce entre les 4 pains à hot dog. Arrosez de sauce au yaourt et parsemez de feuilles de coriandre. Servez immédiatement.

POMMES DE TERRE *croustillantes*

Pour 4 personnes
Préparation : 30 minutes
Cuisson : 45 minutes

1,5 kg de pommes de terre à chair ferme
5 cl d'huile d'olive + un peu pour le plat à gratin
1 cuil. à café de sel
½ cuil. à café de poivre moulu

1. Préchauffez le four à 220 °C (th. 7-8). Lavez et épluchez les pommes de terre.

2. À l'aide d'une mandoline ou d'un couteau très bien aiguisé, coupez les pommes de terre en fines tranches régulières. Disposez celles-ci très serrées dans un plat à gratin huilé.

3. Versez l'huile d'olive en filet sur toute la surface. Saupoudrez de sel et de poivre.

4. Enfournez et laissez cuire 45 minutes. Recouvrez d'une feuille de papier d'aluminium à mi-cuisson si les pommes de terre commencent à brûler.

5. Les pommes de terre sont cuites lorsqu'elles sont croustillantes sur le dessus et fondantes au cœur. Servez immédiatement.

PLAT

QUICHE AUX LARDONS *de shiitake*

Pour 4 personnes
Préparation : 30 minutes
Cuisson : 50 minutes

250 g de farine + un peu pour le plan de travail
125 g de beurre bien froid + un peu pour le moule à tarte
3 cuil. à soupe d'eau froide
1 ½ cuil. à café de sel
350 g de champignons shiitake
1 ½ cuil. à soupe d'huile d'olive
1 cuil. à soupe de sauce soja
½ cuil. à café de paprika
3 œufs
20 cl de crème entière liquide
¼ de cuil. à café de poivre moulu
¼ de cuil. à café de noix de muscade râpée

PLAT

1. Préparez la pâte : mélangez dans un saladier, la farine, 1 cuillerée à café de sel et le beurre jusqu'à l'obtention d'un mélange sablonneux. Ajoutez l'eau cuillerée par cuillerée en travaillant la pâte afin d'obtenir une consistance lisse et homogène. Filmez la pâte et réservez au réfrigérateur.

2. Préchauffez le four à 200 °C (th. 6-7).Pendant ce temps, retirez les pieds des champignons shiitake. Coupez-les en lanières. Faites chauffer une poêle avec l'huile d'olive, sur feu moyen. Faites revenir les champignons avec la sauce soja et le paprika pendant 20 minutes. Réservez.

3. Dans un saladier, battez les œufs, la crème, le sel restant, le poivre et la noix de muscade.

4. Sur un plan de travail fariné, étalez la pâte sortie du réfrigérateur et foncez un moule à tarte beurré ou 6 moules à tartelette. Piquez le fond de la pâte à l'aide d'une fourchette puis recouvrez d'une feuille de papier sulfurisé et versez des lentilles sur toute la surface. Enfournez et faites cuire à blanc le fond de tarte pendant 10 minutes. Sortez du four, retirez les lentilles et le papier sulfurisé.

5. Disposez sur le fond de pâte les lardons de shiitake puis versez la préparation à l'œuf. Enfournez et laissez cuire 20 minutes jusqu'à ce que la crème soit prise et dorée.

6. Servez tiède ou à température ambiante avec une salade croquante.

CHILI SIN CARNE

Pour 4 personnes
Préparation : 20 minutes
Cuisson : 25 minutes

2 boîtes de 400 g de haricots rouges
2 boîtes de 400 g de tomates concassées
1 oignon jaune
2 gousses d'ail
2 cuil. à soupe d'huile d'olive
1 cuil. à café de coriandre moulue
1 cuil. à café de cumin moulu
1 cuil. à café de paprika
1 cuil. à café de sel
2 cuil. à soupe de feuilles de coriandre
100 g de feta (facultatif)
1 piment rouge (facultatif)

1. Épluchez et émincez finement l'oignon et les gousses d'ail. Faites chauffer l'huile d'olive dans une sauteuse, sur feu moyen. Faites rissoler l'oignon et l'ail avec la coriandre moulue, le cumin et le paprika pendant 5 minutes.

2. Ajoutez les haricots rouges égouttés, les tomates concassées et le sel. Laissez mijoter, à couvert, pendant 20 minutes.

3. Servez bien chaud avec les feuilles de coriandre, de la feta émiettée et du piment rouge émincé pour un dîner réconfortant.

PLAT

PORRIDGE SALÉ

Pour 2 personnes
Préparation : 15 minutes
Cuisson : 20 minutes

200 g de flocons d'avoine
15 cl de bouillon de légumes
½ cuil. à café de sel
¼ de cuil. à café de poivre
2 œufs extra-frais
1 filet d'huile
1 ciboule
1 piment rouge (facultatif)

PLAT

1. Émincez la ciboule et le piment.

2. Dans une casserole, faites chauffer le bouillon de légumes et 15 cl d'eau sur feu moyen.

3. Versez en pluie les flocons d'avoine et faites cuire en remuant, pendant 5 minutes environ, jusqu'à ce que le mélange devienne crémeux.

4. Chauffez une poêle avec l'huile sur feu vif et faites cuire les œufs au plat.

5. Répartissez le porridge dans 2 bols et déposez dessus 1 œuf. Assaisonnez et parsemez de ciboule et de piment. Servez immédiatement.

GALETTES QUINOA, ÉPINARDS

Pour 4 personnes
Préparation : 30 minutes
Cuisson : 35 minutes

100 g de quinoa
1 échalote
1 gousse d'ail
1 cuil. à soupe d'huile d'olive
100 g de feuilles d'épinards
1 cuil. à soupe de persil
40 g de flocons d'avoine
3 œufs
½ cuil. à café de sel + un peu pour la cuisson
¼ de cuil. à café de poivre moulu
¼ de cuil. à café de noix de muscade râpée

1. Préchauffez le four à 190 °C (th. 6-7). Dans une grande casserole d'eau salée, faites cuire le quinoa 12 minutes environ jusqu'à ce qu'il soit fondant. Égouttez-le.

2. Épluchez et émincez l'échalote et la gousse d'ail. Faites-les revenir 5 minutes dans une poêle chauffée avec l'huile d'olive. Lavez et hachez grossièrement les feuilles d'épinards et de persil.

3. Dans un saladier, mélangez le quinoa, les feuilles d'épinards, le persil, l'échalote, l'ail, les flocons d'avoine, le sel, le poivre, la noix de muscade. Battez les œufs et amalgamez-les avec la préparation précédente.

4. Avec les mains humides, formez 8 galettes et placez-les sur une plaque de cuisson recouverte de papier sulfurisé.

5. Enfournez et laissez cuire 20 minutes en les retournant à mi-cuisson. Servez les galettes chaudes ou à température ambiante avec une sauce au yaourt.

PLAT

PIZZA PÂTE AU CHOU-FLEUR

Pour 4 personnes
Préparation : 15 minutes
Cuisson : 30 minutes

1 petit chou-fleur
1 pincée de sel
1 œuf
1 bocal de sauce tomate au basilic
80 g de mozzarella

PLAT

1. Préchauffez le four à 200 °C (th. 6-7). Ôtez les feuilles et le cœur du chou-fleur et découpez les bouquets. Lavez et séchez-les. Hachez les bouquets à l'aide d'un couteau puis placez-les dans le bol d'un robot. Mixez jusqu'à l'obtention d'une consistance similaire à de la semoule.

2. Dans un saladier, mélangez la semoule de chou-fleur, l'œuf battu et le sel. Étalez cette pâte sur une plaque de cuisson recouverte de papier sulfurisé en une couche de 5 mm d'épaisseur.

3. Nappez de sauce tomate. Garnissez de mozzarella coupée en tranches. Enfournez et laissez cuire 30 minutes. Servez bien chaud.

TARTE OIGNONS CARAMÉLISÉS, *figues, chèvre, miel*

Pour 4 à 6 personnes
Préparation : 30 minutes
Cuisson : 1 h 05

250 g de farine + un peu pour le plan de travail
125 g de beurre bien froid + un peu pour le moule à tarte
3 cuil. à soupe d'eau froide
1 cuil. à café de sel
1 dizaine de figues fraîches
4 gros oignons jaunes
3 cuil. à soupe d'huile d'olive
1 cuil. à soupe de sucre muscovado
1 cuil. à soupe de vinaigre balsamique
200 g de fromage de chèvre frais
1 cuil. à soupe de miel de romarin

PLAT

1. Préparez la pâte : mélangez dans un saladier la farine, le sel et le beurre jusqu'à l'obtention d'un mélange sablonneux. Ajoutez l'eau cuillerée par cuillerée en travaillant la pâte afin d'obtenir une consistance lisse et homogène. Filmez et réservez au réfrigérateur.

2. Préchauffez le four à 200 °C (th. 6-7). Épluchez et émincez finement les oignons. Faites-les fondre dans une large poêle sur feu doux avec 2 cuillerées à soupe d'huile d'olive pendant 30 minutes. Ajoutez le vinaigre balsamique et le sucre et laissez cuire encore 15 minutes. Retirez du feu et réservez.

3. Sur un plan de travail fariné, étalez la pâte sortie du réfrigérateur et foncez un moule à tarte beurré. Piquez le fond de la pâte à l'aide d'une fourchette puis recouvrez-le d'une feuille de papier sulfurisé et versez des lentilles sur toute la surface. Enfournez et faites cuire à blanc pendant 20 minutes. Sortez-le du four, retirez les lentilles et le papier sulfurisé. Coupez les figues en tranches épaisses.

4. Répartissez les oignons caramélisés sur le fond de tarte. Disposez les figues dessus et parsemez de fromage de chèvre frais. Laquez avec l'huile d'olive restante et le miel. Remettez au four 10 minutes environ jusqu'à ce que le fromage soit légèrement fondu.

5. Servez à température ambiante avec une salade de roquette.

CRUMBLE CÉLERI, POIRE

Pour 4 personnes
Préparation : 20 minutes
Cuisson : 50 minutes

1 céleri-rave
2 poires moyennes
1 petit oignon
3 gousses d'ail
1 feuille de laurier
3 cuil. à soupe de persil haché
1 ½ cuil. à café de sel
1 ½ cuil. à café de poivre
30 cl de bouillon de légumes
2 cuil. à soupe d'huile d'olive + un peu pour le plat à gratin
120 g de farine complète
50 g de noisettes hachées
30 g de flocons de quinoa
30 g de pecorino râpé
1 cuil. à soupe de thym
100 g de beurre

1. Épluchez et écrasez les gousses d'ail. Dans un saladier, mélangez du bout des doigts la farine, les noisettes hachées, les flocons de quinoa, le pecorino, 1 gousse d'ail, 2 cuillerées à soupe de persil, le thym, ½ cuillerée à café de sel, ½ cuillerée à café de poivre et le beurre. Travaillez jusqu'à l'obtention d'un mélange sablonneux. Réservez au réfrigérateur.

2. Préchauffez le four à 180 °C (th. 6). Épluchez et émincez finement l'oignon. Épluchez le céleri et les poires puis coupez-les en gros cubes. Dans une sauteuse, faites revenir dans l'huile d'olive, sur feu moyen, l'oignon, l'ail restant, les cubes de céleri et de poire, la feuille de laurier, le persil restant, le sel et le poivre. Laissez cuire 15 minutes.

3. Versez le bouillon de légumes et continuez la cuisson pendant 15 minutes. Retirez la feuille de laurier et versez les légumes dans un plat à gratin huilé. Répartissez dessus la pâte à crumble. Puis enfournez et laissez cuire 20 minutes.

4. Servez le crumble bien chaud avec une salade d'endives.

PLAT

RISOTTO AUX CAROTTES

Pour 4 personnes
Préparation : 20 minutes
Cuisson : 30 minutes

350 g de riz à risotto
4 jeunes carottes
1,5 l de bouillon de légumes
20 cl de vin blanc
1 petit oignon
30 g de beurre
1 cuil. à café de sel
½ cuil. à café de poivre
50 g de parmesan râpé

1. Épluchez et émincez finement l'oignon. Épluchez et coupez les carottes en petits dés. Dans une grande poêle, faites fondre le beurre sur feu moyen, ajoutez l'oignon et les carottes et laissez cuire pendant 15 minutes, sans les colorer.

2. Ajoutez le riz et enrobez-le bien de beurre. Mouillez avec le vin blanc et laissez mijoter 5 minutes. Ajoutez le sel et le poivre puis versez 1 louche de bouillon de légumes. Laissez cuire en remuant jusqu'à ce que tout le bouillon soit absorbé puis ajoutez 1 nouvelle louche. Procédez ainsi jusqu'à ce que tout le bouillon soit absorbé.

3. Incorporez le parmesan et servez bien chaud.

PLAT

CRÈME CHOU-FLEUR, FENOUIL

Pour 4 personnes
Préparation : 20 minutes
Cuisson : 30 minutes

500 g de chou-fleur
1 fenouil
1 pomme de terre
1 échalote
1 gousse d'ail
1 l de bouillon de légumes
1 cuil. à café de sel
½ cuil. à café de poivre moulu

Pour servir :
Noisettes hachées
Pain au levain

PLAT

1. Épluchez et émincez l'échalote et la gousse d'ail. Retirez les feuilles et coupez les fleurettes de chou-fleur. Épluchez la pomme de terre et coupez-la en gros cubes. Coupez le fenouil en gros morceaux.

2. Dans une grande casserole, mettez l'échalote et l'ail émincés, les morceaux de fenouil, de chou-fleur, de pomme terre, le bouillon de légumes, le sel et le poivre.

3. Faites cuire à petits bouillons pendant 30 minutes. Lorsque les légumes sont bien tendres, mixez la soupe afin d'obtenir une crème bien lisse.

4. Servez bien chaud avec des noisettes hachées et du pain au levain.

BOUILLABAISSE D'ÉPINARDS

Pour 4 personnes
Préparation : 30 minutes
Cuisson : 45 minutes

8 pommes de terre moyennes à chair ferme
1 poireau
80 g de feuilles d'épinards
1 fenouil
2 gousses d'ail
1 cuil. à soupe d'huile d'olive
2 feuilles de laurier
1 boîte de tomates concassées
10 cl de vin blanc sec
2 pincées de safran
2 anis étoilés
Le zeste de 1 orange
1 cuil. à café de sel
½ cuil. à café de poivre moulu

PLAT

1. Épluchez et émincez finement le blanc du poireau et les gousses d'ail. Épluchez et coupez en rondelles épaisses les pommes de terre. Coupez le fenouil en quartiers et retirez le cœur.

2. Dans une grande casserole, faites chauffer l'huile d'olive sur feu moyen. Faites revenir, le poireau, l'ail, les anis étoilés, le zeste d'orange, le sel, le poivre et les feuilles de laurier pendant 5 minutes. Ajoutez le safran et le vin blanc et laissez mijoter 5 minutes supplémentaires.

3. Ajoutez les pommes de terre, les tomates concassées et le fenouil. Mouillez avec 1 litre d'eau et laissez cuire à petits bouillons pendant 30 minutes. Ajoutez les feuilles d'épinards et poursuivre la cuisson 5 minutes. Retirez les anis étoilés, les feuilles de laurier et le zeste d'orange.

4. Servez bien chaud avec des tranches de pain de campagne légèrement grillées et de la rouille.

NOIX ET GRAINES GRILLÉES

Pour 4 personnes
Préparation : 20 minutes
Cuisson : 15 minutes

60 g de noix de cajou
60 g de pignons de pin
60 g de graines de courge
60 g de graines de tournesol
1 cuil. à soupe d'huile de tournesol
1 cuil. à soupe de miel
1 cuil. à café de piment d'Espelette
1 cuil. à soupe de romarin haché
½ cuil. à café de fleur de sel

1. Préchauffez le four à 170 °C (th. 5-6).

2. Dans un grand bol, mélangez les noix de cajou, les pignons de pin, les graines de courge, les graines de tournesol, l'huile de tournesol, le miel, le piment d'Espelette, le romarin haché et la fleur de sel.

3. Recouvrez une plaque à pâtisserie de papier sulfurisé. Répartissez les noix et graines sur la plaque et enfournez 15 minutes environ jusqu'à ce que les noix et graines soient bien dorées et croquantes. Conservez dans un bocal en verre pendant 1 mois.

APÉRITIF

FRITES DE PATATES DOUCES *et guacamole*

Pour 4 personnes
Préparation : 20 minutes
Cuisson : 30 minutes

2 patates douces
½ cuil. à café de paprika fumé
½ cuil. à café de fleur de sel
1 cuil. à café d'ail en poudre
1 cuil. à soupe d'huile de tournesol
1 avocat
1 cuil. à soupe de feuilles de coriandre hachées
1 pincée de sel
½ citron vert
1 petite tomate
1 gousse d'ail

APÉRITIF

1. Préchauffez le four à 225 °C (th. 7-8).

2. Brossez et rincez soigneusement les patates douces. Coupez-les en bâtonnets, puis mettez-les dans un saladier avec le paprika fumé, la fleur de sel, l'ail en poudre et l'huile de tournesol. Mélangez le tout avec les mains afin que les bâtonnets de patates douces soient bien enrobés.

3. Chemisez une plaque de cuisson de papier sulfurisé puis mettez dessus les frites de patates douces en une couche uniforme. Enfournez et laissez cuire 30 minutes environ jusqu'à ce que les frites soient dorées et croustillantes.

4. Pendant ce temps, épluchez l'avocat et retirez le noyau. Dans un grand bol, mettez la chair de l'avocat, la gousse d'ail écrasée et la pincée de sel. Pressez dessus le jus de citron vert et écrasez le tout grossièrement à l'aide d'une fourchette.

5. Lavez et coupez la tomate en petits dés. Incorporez-les ainsi que les feuilles de coriandre à la purée d'avocat.

6. Servez immédiatement en trempant les frites de patates douces dans le guacamole.

DIP ÉPINARD, ARTICHAUT

Pour 6 personnes
Préparation : 20 minutes
Cuisson : 45 minutes

200 g d'épinards hachés surgelés
200 g d'artichauts à l'huile d'olive
1 oignon jaune
2 gousses d'ail
1 cuil. à soupe d'huile d'olive + un peu pour le plat
400 g de tofu soyeux
2 cuil. à soupe de jus de citron
1 cuil. à café de sel
½ cuil. à café de poivre
2 cuil. à soupe de levure maltée

1. Préchauffez le four à 180 °C (th. 6).

2. Épluchez et émincez l'oignon et les gousses d'ail très finement. Faites chauffer l'huile d'olive dans une grande poêle sur feu moyen. Faites revenir l'oignon et l'ail émincés 5 minutes environ en remuant. Ajoutez les épinards et laissez cuire 10 minutes environ, jusqu'à ce que les épinards soient décongelés.

3. Égouttez les artichauts.

4. Versez le mélange aux épinards dans le bol d'un robot mixeur et ajoutez le tofu soyeux, le jus de citron, les artichauts égouttés, le sel, le poivre et la levure maltée. Mixez très rapidement afin que tous les ingrédients s'amalgament.

5. Versez dans un petit plat à gratin huilé et enfournez. Laissez cuire 30 minutes. La surface du dip doit être bien dorée.

6. Servez tiède avec du pain, des chips tortillas ou des chips de pita.

APÉRITIF

VERRINES BETTERAVE, CHÈVRE

Pour 4 personnes
Préparation : 15 minutes

300 g de betterave cuite et épluchée
150 g de yaourt de brebis
½ cuil. à café de cumin moulu
½ cuil. à café de coriandre moulue
½ cuil. à café de gingembre moulu
1 cuil. à café de sel
50 g de fromage de chèvre frais
1 poignée de noisettes
1 oignon frais

1. Coupez la betterave en gros dés. Placez-les dans le bol d'un robot mixeur avec le yaourt de brebis, le cumin, la coriandre, le gingembre et le sel. Mixez jusqu'à l'obtention d'une crème bien lisse.

2. Émiettez le fromage de chèvre. Hachez grossièrement les noisettes. Émincez finement l'oignon.

3. Répartissez la crème à la betterave dans 4 verrines et parsemez celles-ci de chèvre frais, de noisettes et d'oignon frais.

4. Réservez au réfrigérateur et servez bien frais à l'apéritif ou en entrée.

APÉRITIF

FALAFELS
aux tomates confites

Pour 4 personnes
Préparation : 20 minutes
Cuisson : 45 minutes

2 boîtes de pois chiches (2 x 400 g)
10 tomates confites
2 cuil. à soupe de feuilles de persil
½ cuil. à café de levure chimique
2 cuil. à soupe de farine
1 pincée de sel
1 pincée de poivre
3 cuil. à soupe d'huile d'olive

1. Préchauffez le four à 200 °C (th. 6-7).

2. Dans le bol d'un robot mixeur, placez les pois chiches égouttés, les tomates confites, les feuilles de persil, la levure, la farine, le sel, le poivre et 2 cuillerées à soupe d'huile d'olive. Mixez jusqu'à l'obtention d'une pâte bien homogène.

3. Chemisez une plaque de cuisson de papier sulfurisé. Avec les mains humides, formez des boulettes de la taille d'une grosse noix et placez-les sur la plaque de cuisson. À l'aide d'un pinceau, badigeonnez les falafels avec l'huile d'olive restante.

4. Enfournez et laissez cuire 45 minutes environ. Les falafels doivent être dorés et croustillants. Servez bien chaud avec des crudités pour une entrée ou un déjeuner léger.

ENTRÉE

COLESLAW

Pour 4 personnes
Préparation : 20 minutes

1 pomme granny-smith
½ chou blanc
2 carottes
10 cl de jus de citron
10 cl de vinaigre de cidre
2 cuil. à soupe d'huile de sésame
2 cuil. à soupe de sauce soja
2 cuil. à soupe de sirop d'agave
4 cuil. à soupe de graines de sésame
1 cuil. à soupe de coriandre en poudre
2 cuil. à soupe de yaourt de soja

1. Épluchez la pomme et les carottes. Râpez la pomme, le chou blanc et les carottes. Placez le tout dans un grand saladier.

2. Dans un grand bol, mélangez le jus de citron, le vinaigre de cidre, l'huile de sésame, la sauce soja, le sirop d'agave, la coriandre en poudre et le yaourt de soja.

3. Versez la sauce sur le mélange pomme, chou, carotte et mélangez bien. Saupoudrez de graines de sésame. Servez bien frais en entrée ou en accompagnement.

ENTRÉE

SOUPE DE CAROTTES
et pesto de fanes

Pour 4 personnes
Préparation : 30 minutes
Cuisson : 30 minutes

1 poireau
6 grosses carottes avec fanes
1 cuil. à soupe de feuilles de thym
1 cuil. à soupe de feuilles de persil
1 ½ cuil. à café de sel
½ cuil. à café de poivre
2 gousses d'ail
50 g de graines de courge
15 cl d'huile d'olive

1. Nettoyez et émincez finement le poireau. Réservez.

2. Coupez les fanes des carottes et réservez-les pour le pesto. Épluchez les carottes et coupez-les en gros tronçons.

3. Dans une marmite, chauffez un filet d'huile d'olive et faites revenir le poireau émincé et les morceaux de carotte. Ajoutez le thym, le persil et mouillez à hauteur. Assaisonnez avec 1 cuillerée à café de sel et le poivre. Ajustez selon votre convenance.

4. Portez à légers bouillons puis couvrez et laissez mijoter 30 minutes environ jusqu'à ce que l'on puisse enfoncer la pointe d'un couteau sans forcer dans les carottes.

5. Pendant ce temps, dans le bol d'un robot mixeur, placez les fanes des carottes préalablement lavées et essorées, les gousses d'ail épluchées, les graines de courge et le sel restant. Mixez jusqu'à l'obtention d'une masse granuleuse. Tout en continuant de mixer, versez en filet l'huile d'olive. Réservez.

6. Mixez la soupe jusqu'à ce qu'elle soit bien lisse. Servez-la bien chaude avec un filet de pesto.

ENTRÉE

TOASTS À L'AVOCAT *et à la mangue*

Pour 4 personnes
Préparation : 15 minutes

4 tranches de pain au levain
2 avocats bien mûrs
½ mangue
1 cuil. à soupe d'huile d'olive fruitée
Fleur de sel
Poivre

1. Faites griller légèrement les tranches de pain au levain.

2. Épluchez les avocats et la mangue. Retirez les noyaux puis tranchez-les finement.

3. Disposez les tranches d'avocat et de mangue sur les tranches de pain.

4. Versez un filet d'huile d'olive sur chaque toast. Saupoudrez de fleur de sel et de poivre moulu. Servez immédiatement pour un petit déjeuner, un brunch ou un goûter.

★★★ ENTRÉE ★★★

RÂPÉES DE POMMES DE TERRE *et carottes*

Pour 4 personnes
Préparation : 20 minutes
Cuisson : 30 minutes

1,5 kg de pommes de terre
à chair ferme
2 carottes
1 cuil. à café de sel
½ cuil. à café de poivre
Huile de tournesol

PLAT

1. Lavez et épluchez les pommes de terre et les carottes. Râpez-les finement.

2. Dans un saladier, mélangez les pommes de terre et les carottes râpées avec le sel et le poivre.

3. Faites chauffer de l'huile de tournesol dans une large poêle sur feu moyen.

4. Formez des petites galettes avec les pommes de terre et les carottes râpées et déposez-les dans la poêle bien chaude. Laissez cuire 5 minutes environ puis retournez délicatement les galettes et laissez cuire à nouveau 5 minutes. Les râpées sont prêtes lorsqu'elles sont bien dorées, croustillantes à l'extérieur et fondantes au cœur.

5. Servez immédiatement avec une salade verte bien croquante.

POTIMARRON RÔTI AUX HERBES

Pour 4 personnes
Préparation : 30 minutes
Cuisson : 30 minutes

1 potimarron
1 cuil. à soupe de sirop d'érable
2 cuil. à soupe d'huile d'olive
½ cuil. à café de gingembre en poudre
½ cuil. à café de cumin en poudre
2 cuil. à soupe de persil haché
1 cuil. à soupe de câpres
1 cuil. à soupe de raisins secs
1 gousse d'ail
5 feuilles de basilic
2 cuil. à café de vinaigre balsamique
Le jus de ½ citron
10 cl d'huile d'olive
1 cuil. à café de sel + un peu pour le potimarron
½ cuil. à café de poivre moulu

1. Préchauffez le four à 180 °C (th. 6).

2. Coupez le potimarron en fines tranches et retirez les pépins.

3. Dans un bol, mélangez le sirop d'érable, l'huile d'olive, le gingembre en poudre, le cumin et le persil haché.

4. Enrobez les tranches de potimarron de ce mélange. Salez et poivrez.

5. Placez sur une plaque de cuisson recouverte de papier sulfurisé et enfournez pendant 30 minutes environ. Le potimarron doit être bien tendre.

6. Pendant ce temps, épluchez et écrasez la gousse d'ail. Dans le bol d'un robot mixeur, mettez l'huile d'olive, les câpres, les raisins secs, la gousse d'ail écrasée, les feuilles de basilic, le vinaigre balsamique, le jus de citron et le sel. Mixez jusqu'à l'obtention d'une sauce émulsionnée.

7. Versez la sauce sur le potimarron et mélangez bien. Servez tiède ou à température ambiante accompagné de quinoa ou de riz cuit à la vapeur.

PLAT

SALADE DE LENTILLES, *fenouil, betterave à l'orange*

Pour 4 personnes
Préparation : 20 minutes
Cuisson : 50 minutes

200 g de lentilles
1 feuille de laurier
2 fenouils
3 petites betteraves cuites
2 oranges
8 cl d'huile d'olive
1 citron
1 gousse d'ail
½ cuil. à café de coriandre moulue
½ cuil. à café de cumin en poudre
½ cuil. à café de curcuma en poudre
1 cuil. à café de sel + un peu pour la cuisson
½ cuil. à café de poivre moulu
1 cuil. à soupe de coriandre fraîche hachée

1. Préchauffez le four à 180 °C (th. 6).

2. Faites cuire les lentilles dans une grande casserole d'eau salée avec la feuille de laurier pendant 20 minutes à partir de l'ébullition.

3. Pendant ce temps, coupez les fenouils en quartiers puis encore en deux en retirant les « feuilles » extérieures les plus épaisses. Placez-les dans un plat à gratin et versez un filet d'huile d'olive. Enfournez 30 minutes environ. Les fenouils doivent être tendres et dorés.

4. Épluchez et coupez les betteraves en petits quartiers. Pelez à vif les oranges et détaillez-les en rondelles pas trop épaisses. Réservez.

5. Préparez l'assaisonnement en émulsionnant dans un bol 3 cuillerées à soupe d'huile d'olive, 1 cuillerée à soupe de jus de citron, la gousse d'ail dégermée et écrasée, la coriandre moulue, le cumin, le curcuma, le poivre et le sel.

6. Dans un saladier, mélangez les lentilles égouttées et refroidies, les fenouils, les morceaux de betterave, les rondelles d'orange, l'assaisonnement et la coriandre fraîche.

7. Répartissez dans 4 assiettes et servez à température ambiante.

PLAT

BURGERS DE LENTILLES

Pour 4 personnes
Préparation : 30 minutes
Cuisson : 30 minutes

4 pains à burger
250 g de riz cuit
240 g de lentilles cuites
1 gousse d'ail
1 oignon jaune moyen
3 cuil. à soupe de persil frais
1 cuil. à café de sel
3 cuil. à soupe d'huile d'olive

Pour servir :
2 tomates
1 oignon rouge
4 feuilles de laitue
Cornichons
Moutarde
Ketchup

PLAT

1. Épluchez et émincez finement la gousse d'ail et l'oignon jaune. Faites chauffer 1 cuillerée à soupe d'huile d'olive dans une poêle à fond épais sur feu moyen. Faites revenir l'ail et l'oignon émincés, pendant 10 minutes environ, jusqu'à ce qu'ils soient fondants et caramélisés. Réservez.

2. Dans le bol d'un robot mixeur, mettez le riz, les lentilles, le sel, le persil, 1 cuillerée à soupe d'huile d'olive, l'ail et l'oignon caramélisés avec l'huile de cuisson. Mixez quelques secondes afin que le mélange s'amalgame.

3. Avec les mains humides, formez 4 burgers. Faites chauffer à nouveau la poêle avec l'huile d'olive restante, et dorez les burgers pendant 10 minutes de chaque côté. Les burgers de lentilles sont prêts lorsqu'ils sont dorés et croustillants à l'extérieur.

4. Épluchez et émincez l'oignon rouge. Coupez les tomates en tranches.

5. Servez immédiatement avec les pains à burger, des rondelles de tomate, de l'oignon rouge émincé, des feuilles de laitue, des cornichons, de la moutarde et du ketchup.

CURRY DE LÉGUMES

Pour 4 personnes
Préparation : 20 minutes
Cuisson : 30 minutes

1 oignon jaune moyen
2 gousses d'ail
1 cuil. à soupe de gingembre frais râpé
2 cuil. à café de curry en poudre
1 cuil. à soupe d'huile d'olive
2 blancs de poireau
1 patate douce moyenne
1 bouquet de brocoli
25 cl de lait de coco
1 cuil. à café de sel
1 citron vert
½ bouquet de coriandre
2 ciboules

1. Épluchez et émincez finement l'oignon et les gousses d'ail. Émincez les blancs de poireau en tronçons de 5 cm. Coupez les fleurettes de brocoli. Épluchez et coupez en cubes moyens la patate douce.

2. Dans une casserole à fond épais, faites chauffer l'huile d'olive. Faites fondre l'oignon, l'ail et le gingembre pendant 5 minutes. Prenez garde à ce que le mélange ne colore pas.

3. Ajoutez la poudre de curry puis faites chauffer en remuant quelques instants. Ajoutez les poireaux, les fleurettes de brocoli et les cubes de patate douce. Laissez cuire en remuant afin que les légumes colorent légèrement pendant 5 minutes. Versez 25 cl d'eau et le lait de coco. Mélangez. Ajoutez le sel.

4. Portez à frémissements et laissez mijoter à couvert 20 minutes environ, jusqu'à ce que les légumes soient tendres.

5. Pendant ce temps, émincez les feuilles de coriandre et les ciboules.

6. Servez très chaud avec un filet de jus de citron vert, de la coriandre et de la ciboule.

GRATIN DE LÉGUMES-RACINES

Pour 4 à 6 personnes
Préparation : 40 minutes
Repos : 10 minutes
Cuisson : 1 heure

500 g de pommes de terre
500 g de patates douces
300 g de navets
35 cl de lait entier
35 cl de crème entière liquide
6 feuilles de sauge
6 tiges de thym
1 feuille de laurier
1 gousse d'ail
1 cuil. à café de sel
½ cuil. à café de poivre moulu
1 cuil. à café de noix de muscade râpée
Beurre pour le plat à gratin

1. Lavez et épluchez les pommes de terre, les patates douces et les navets. À l'aide d'une mandoline ou d'un couteau bien aiguisé, coupez les légumes en fines tranches régulières.

2. Préchauffez le four à 180 °C (th. 6). Dans une casserole, versez le lait entier, la crème puis ajoutez les feuilles de sauge émincées, le thym, la feuille de laurier, la gousse d'ail épluchée, le sel, le poivre et la noix de muscade. Faites chauffer sur feu moyen jusqu'à frémissements puis laissez reposer 10 minutes à couvert.

3. Filtrez la crème à travers une passoire fine. Beurrez un plat à gratin et placez-y les légumes en rangées. Versez la crème dessus.

4. Enfournez et laissez cuire 45 minutes environ. Le gratin est prêt lorsque la lame d'un couteau peut s'enfoncer dans les légumes sans forcer, que la crème est réduite et dorée. Servez bien chaud avec une salade croquante.

PLAT

CHOU-FLEUR AIGRE-DOUX

Pour 4 personnes
Préparation : 20 minutes
Cuisson : 30 minutes

1 chou-fleur moyen
2 cuil. à soupe de sauce soja
2 cuil. à soupe de vinaigre de riz
2 cuil. à soupe de sauce barbecue
1 cuil. à soupe d'huile de sésame
2 cuil. à soupe de sucre en poudre
2 cuil. à soupe de fécule de maïs
2 cuil. à soupe de sésame
2 ciboules
1 cuil. à café de gingembre frais râpé

1. Préchauffez le four à 180 °C (th. 6). Coupez les fleurettes du chou-fleur. Placez-les sur une plaque de cuisson recouverte de papier sulfurisé. Enfournez et laissez cuire 20 minutes environ jusqu'à ce que le chou-fleur soit bien rôti.

2. Pendant ce temps, dans une casserole, mélangez 10 cl d'eau, la sauce soja, le vinaigre de riz, la sauce barbecue, l'huile de sésame, le sucre, la fécule de maïs et le gingembre râpé. Faites chauffer sur feu moyen pendant 10 minutes jusqu'à ce que la sauce épaississe.

3. Ciselez les ciboules. Sortez le chou-fleur et enrobez-le de sauce. Servez immédiatement en parsemant les fleurettes de sésame et de ciboules.

4. Servez bien chaud avec du riz parfumé.

PLAT

LÉGUMES RÔTIS, ORANGE, *sirop d'érable*

Pour 4 personnes
Préparation : 20 minutes
Cuisson : 30 minutes

2 petits céleris-raves
2 choux-raves
4 carottes
2 petites betteraves crues
1 oignon rouge
1 orange
1 ½ cuil. à soupe de sirop d'érable
2 cuil. à café de fleur de sel
½ cuil. à café de poivre
4 cuil. à soupe d'huile d'olive
2 branches de romarin

1. Préchauffez le four à 180 °C (th. 6). Épluchez les céleris-raves, les choux-raves, les carottes, les betteraves et l'oignon rouge. Coupez-les en gros cubes et placez-les sur une plaque de cuisson recouverte de papier sulfurisé.

2. Pressez l'orange et mélangez le jus, l'huile d'olive avec le sirop d'érable dans un bol. Versez sur les légumes. Saupoudrez de fleur de sel et de poivre. Mélangez les légumes avec les mains afin qu'ils soient bien enrobés. Placez les branches de romarin dessus et enfournez. Laissez cuire 30 minutes en remuant les légumes à l'aide d'une spatule toutes les 10 minutes.

3. Les légumes rôtis sont prêts lorsqu'ils sont fondants et dorés. Servez bien chaud.

PLAT

CHOUX DE BRUXELLES RÔTIS

Pour 4 personnes
Préparation : 15 minutes
Cuisson : 20 minutes

400 g de choux de Bruxelles
2 gousses d'ail
2 petits citrons confits
2 cuil. à soupe d'huile d'olive
50 g de pignons de pin
1 cuil. à café de sel
1/4 de cuil. à café de poivre

PLAT

1. Préchauffez le four à 200 °C (th. 6-7).

2. Lavez et coupez en deux les choux de Bruxelles. Retirez les premières feuilles si celles-ci sont abîmées. Épluchez et écrasez les gousses d'ail. Émincez la peau des citrons confits.

3. Chemisez une plaque de cuisson de papier sulfurisé. Posez les choux de Bruxelles, les gousses d'ail écrasées et l'huile d'olive. Salez et poivrez. Mélangez avec les mains afin que l'huile soit bien répartie sur les choux.

4. Enfournez 10 minutes environ. Sortez la plaque de cuisson et ajoutez les pignons de pin et les citrons confits en mélangeant bien à l'aide d'une spatule. Remettez au four une dizaine de minutes.

5. Servez les choux de Bruxelles rôtis chauds, tièdes ou à température ambiante.

DAHL DE LENTILLES

Pour 4 personnes
Préparation : 20 minutes
Cuisson : 1 h 15

150 g de lentilles brunes
150 g de lentilles rouges
20 g de beurre
2 oignons bruns
3 gousses d'ail
2 cuil. à café de gingembre râpé
2 cuil. à soupe de curry en poudre
2 boîtes de tomates entières de 400 g
1 cuil. à soupe de concentré de tomate
35 cl de bouillon de légumes
8 cl de lait de coco
½ bouquet de coriandre fraîche hachée

1. Épluchez et émincez finement les oignons et les gousses d'ail. Laissez fondre le beurre dans une grande poêle et faites revenir les oignons, l'ail et le gingembre pendant 10 minutes jusqu'à ce que les oignons soient tendres. Ajoutez les épices et prolongez la cuisson pendant 1 minute.

2. Incorporez les lentilles, les tomates en boîte avec leur jus, le concentré de tomate, le bouillon et 25 cl d'eau. Portez à ébullition. Réduisez le feu, couvrez et laissez mijoter, en remuant de temps en temps.

3. Ajoutez le lait de coco. Retirez du feu et incorporez la coriandre. Servez bien chaud avec des naans.

PLAT

NOUILLES ASIATIQUES
aux légumes sautés et noix de cajou

Pour 4 personnes
Préparation : 20 minutes
Cuisson : 30 minutes

250 g de nouilles asiatiques
100 g de petits pois surgelés
200 g de chou chinois
2 carottes
2 cuil. à café de gingembre frais râpé
2 gousses d'ail
80 g de noix de cajou
2 cuil. à soupe de sauce soja
1 cuil. à soupe de sauce au piment
2 cuil. à soupe d'huile de tournesol
Sel

PLAT

1. Portez à ébullition une grande casserole d'eau salée et faites cuire les nouilles selon les instructions du paquet. Égouttez-les et mélangez-les avec 1 cuillerée à soupe d'huile. Réservez.

2. Épluchez les carottes et coupez-les en fins bâtonnets. Émincez finement les feuilles de chou chinois. Épluchez et écrasez les gousses d'ail.

3. Faites chauffer l'huile restante dans un wok ou une grande poêle sur feu moyen. Faites revenir l'ail écrasé, le gingembre râpé, les carottes, le chou chinois et les petits pois. Couvrez et laissez cuire sur feu doux pendant 15 minutes. Pendant ce temps, faites dorer les noix de cajou à sec dans une poêle sur feu vif.

4. Incorporez les nouilles aux légumes sautés ainsi que les noix de cajou. Versez la sauce soja et la sauce au piment et mélangez bien. Servez immédiatement.

HACHIS PARMENTIER

Pour 4 personnes
Préparation : 30 minutes
Cuisson : 1 h 10

1 kg de pommes de terre
15 cl de lait
1 cuil. à soupe d'huile d'olive + un peu pour le moule à gratin
½ cuil. à café de thym
2 cuil. à café de sel
½ cuil. à café de poivre
½ oignon jaune
2 gousses d'ail
200 g de tofu fumé
400 g de pulpe de tomate
1 branche de céleri
1 carotte

PLAT

1. Préchauffez le four à 180 °C (th. 6). Épluchez les pommes de terre et faites-les cuire dans une grande casserole d'eau salée pendant 20 minutes. Égouttez-les et écrasez-les à l'aide d'un presse-purée. Arrosez de lait et mélangez bien. Assaisonnez avec 1 cuillerée à café de sel et le poivre. Réservez.

2. Épluchez et émincez finement l'oignon, la carotte et les gousses d'ail. Coupez la branche de céleri en petits dés. Placez le tofu dans le bol d'un robot. Mixez afin de l'émietter.

3. Chauffez l'huile d'olive dans une grande sauteuse et faites revenir l'oignon, l'ail, le thym, le céleri et la carotte pendant 10 minutes. Ajoutez le tofu fumé émietté et la pulpe de tomate. Laissez mijoter à couvert pendant 10 minutes.

4. Versez la préparation au tofu dans un moule à gratin huilé puis étalez la purée de pommes de terre en une couche uniforme dessus. Enfournez et laissez cuire 30 minutes. Servez bien chaud avec une salade verte croquante.

STRUDEL POTIRON,
champignons

Pour 4 personnes
Préparation : 20 minutes
Cuisson : 50 minutes

500 g de champignons de Paris
350 g de chair de potiron
6 feuilles de pâte filo
1 cuil. à café de sel
½ cuil. à café de poivre
1 cuil. à café de thym
1 cuil. à café de persil haché
3 cuil. à café d'huile d'olive

1. Préchauffez le four à 200 °C (th. 6-7). Lavez et coupez les champignons en lamelles. Coupez la chair du potiron en petits cubes.

2. Chauffez 1 cuillerée à soupe d'huile d'olive dans une poêle et faites revenir les champignons pendant 10 minutes avec le sel, le poivre, le thym et le persil. Faites cuire le potiron à la vapeur 10 minutes. Mélangez le potiron avec les champignons.

3. Badigeonnez les feuilles de filo de l'huile d'olive et superposez-les. Placez la préparation aux champignons et au potiron au centre des feuilles filo et repliez celles-ci afin de former un gros rouleau. Badigeonnez le dessus du strudel avec l'huile d'olive restante. Placez le strudel sur une plaque de cuisson recouverte de papier sulfurisé.

4. Enfournez et laissez cuire 30 minutes. Le strudel est prêt lorsqu'il est doré et croustillant. Servez bien chaud avec une salade de mesclun.

PLAT

GRATIN DE PÂTES, *sauce au fromage*

Pour 4 personnes
Préparation : 20 minutes
Cuisson : 45 minutes

300 g de pâtes
25 g de beurre + un peu pour le plat à gratin
½ oignon jaune
1 gousse d'ail
1 cuil. à soupe bombée de farine
60 cl de lait entier
½ cuil. à café de paprika
¼ de cuil. à café de noix de muscade moulue
150 g de comté râpé
20 g de chapelure
Huile d'olive
1 cuil. à café de sel + un peu pour la cuisson
½ cuil. à café de poivre moulu

PLAT

1. Préchauffez le four à 200 °C (th. 6-7) et beurrez un plat à gratin.

2. Portez à ébullition une grande casserole d'eau salée et faites cuire les pâtes *al dente*, en suivant le temps de cuisson indiqué sur le paquet, puis égouttez-les.

3. Épluchez et émincez l'oignon et l'ail. Dans une grande casserole, faites fondre le beurre sur feu moyen. Ajoutez l'oignon et l'ail et faites-les revenir pendant 5 minutes. Ajoutez la farine en fouettant jusqu'à ce que la préparation prenne une couleur légèrement dorée. Versez progressivement le lait, sans cesser de fouetter. Ajoutez le paprika, la noix de muscade, le sel et le poivre. Réduisez le feu et laissez mijoter sur feu doux, tout en continuant de fouetter, jusqu'à ce que la sauce épaississe. Ajoutez le comté, petit à petit, jusqu'à ce qu'il soit entièrement fondu. Retirez du feu.

4. Dans le plat à gratin beurré, versez les pâtes et la sauce puis mélangez jusqu'à ce que les pâtes soient bien enrobées de sauce. Parsemez le plat de chapelure et arrosez avec un filet d'huile d'olive.

5. Enfournez et laissez cuire 30 minutes environ, jusqu'à ce que le gratin bouillonne et soit bien doré. Servez très chaud pour un repas réconfortant.

INDEX DES RECETTES